I0438757

Hormone & Seifenblasen

Roman

SAM OWI

Hormone und Seifenblasen
Copyright © 2014, Erstausgabe März 2014
All rights reserved
Distribution: Amazon

Coverdesign / Herausgeber:
Susanne Köhler, Bahrenfelder Steindamm 82, 22761 Hamburg
www.samowi.de

ISBN 13: 978-1497441835
ISBN 10: 1497441838

FÜR:

Albert, Antje, Bärbel, Bendix, Frank, Gesine, Hubert,
Jackie, Jobo, Kalle, Knobi, Luise, Marianne, Monika,
Petra, Puffi, Rainer, Ralf, Reiner, Sabine, Sabine, Shorty,
Susanne, Susi, Thomas, Uwe, Waltraud, Wolfgang
und unsere hervorragenden Deutschlehrer
Alfred und Marie-Luise

INHALT

DIE PERSONEN

Tom Dithon
macht »Hass und Liebe« und »Schein und Sein«

Nana Templin
kreiert »Schwein oder nicht Schwein«

Linda Engel
eliminiert Negatives, indem sie es ignoriert

Franziska von Lauenstein
gehört zu den »1 %«

Bernhard Rainer Daubner
bemüht sich um echte Brillanz

Arafat
träumt von Gini-Koeffizienten und habitablen Zonen

Rüdiger Voss
hütet gläserne Geheimnisse

Carola Hoffmann
hat für jede Situation ein passendes Argument

Mecki Graf
taucht nie auf, ist aber immer allen präsent

Achim
hat nur Unsinn im Sinn

Emel
ist das Herz von »Hass und Liebe«

Ursel
sticht alle im Sticheln aus

Kay
ist noch jung, hat aber schon eine Krise mit Leichen.

SAM OWI

YESTERDAY

Das Netz der Spinne wackelte bedenklich, obwohl die feingliedrige Hand sehr vorsichtig hineingriff, als sie eine dicke Fliege darin absetzte. Das Insekt begann sofort hektisch herumzuzappeln, verwickelte sich dadurch aber nur immer weiter in den klebrigen Spinnweben, und die Bewohnerin des Netzes konnte dem verlockenden Angebot nach diesem einladenden Todestanz natürlich nicht lange widerstehen. Eifrig machte sie sich ans Werk, die unverhofft ergatterte Beute routiniert und kompetent zu einem späteren Festmahl vorzubereiten.

Das Spinnennetz hing in einer Hausecke und diese gehörte zu einem imposanten und im neugotischen Stil errichteten Gebäude mit verwinkelten Ecken, Erkern, Türmchen und sogar Zinnen auf dem Dach. Der alte Bau war von einem ausgedehnten Hof umgeben und dieser von einem schmiedeeisernen Zaun. Aus einem der offenstehenden Fenster in einer der Jugendstilvillen in der Nachbarschaft plärrte ein Kofferradio laut den Song »School« von Supertramp in den sonnigen Vormittag und über den mit lärmenden Jugendlichen belebten Pausenhof der benachbarten Lehranstalt. Sehr viel später einmal sollte diese altehrwürdige Bildungsstätte wegen ihrer Erker und Zinnen von ihren Schülern den liebevollen Spitznamen »Hogwarts« erhalten. Aber eben erst sehr viel später. Offiziell hieß sie »Händel-Gymnasium« und war der Stolz der Kurzenhagener Familien, deren Sprösslinge sie erfolgreich bis zum Abitur besuchten. Die anspruchsvolle Bildungsinstitution konkurrierte traditionell mit zwei weiteren Schulen um den begehrten Titel »bestes Gymnasium Niedersachsens«. Und um keinesfalls auf den schmachvollen dritten Platz und hinter die beiden Rivalen aus dem Weser-Leine-Bergland

1

und Ostfriesland abzurutschen, unterstützen die Familien ehemaliger und aktueller Schüler den Förderkreis der Schule mit großzügigen Spenden, aus denen zusätzliche Mittel und Anschaffungen für den Unterricht finanziert wurden. Wenn dem Nachwuchs in einer öffentlichen Schule nichts Besseres als nur eine ordinäre nullachtfünfzehn Bildung zugutekam, dann musste natürlich unbedingt privat aufgestockt werden, um den Söhnen und Töchtern der Kurzenhagener Gesellschaft die modernsten Unterrichtsmittel zur Verfügung stellen zu können und somit die bestmögliche Bildung angedeihen zu lassen. Kurzenhagen war schließlich kein solch hinterwäldlerisches Kuhkaff wie die beiden ärgsten Konkurrenten aus der Provinz, sondern immerhin eine Stadt bei Hannover.

Die kleine Hand, die das Schicksal der beiden Tiere im Spinnennetz so unbarmherzig miteinander verknüpfte, gehörte Michael Graf, einem sechzehnjährigen Schüler mit einem akkurat geschnittenen kurzen Bürstenhaarschnitt, um dessen Hals ein Stethoskop baumelte. Konzentriert beobachtete er das Werk der Spinne, während die anderen Schüler auf dem Pausenhof verteilt in kleineren und größeren Gruppen beieinanderstanden. Halblange Haare, lange Koteletten, Schlaghosen und Kleidung im Ethnolook der späten Hippie-Ära dominierten noch ihre Aufmachung, aber das Outfit der Punks war ebenfalls schon im Kommen. Doch schwarzes Leder mit Nieten und den entsprechenden Frisuren zierten bislang nur wenige der Schüler. Als das Ende von »School« in die ersten synthetischen Flächenakkorde und vorsichtigen Drum-Sounds von »In The Air Tonight« überblendete, ging ein Raunen durch eine Gruppe älterer Schüler nahe am Zaun. Die Abiturienten begannen sofort zu summen, pfeifen oder tänzeln und einige trällerten den

Hit von Phil Collins – nicht gerade kunstvoll, dafür aber umso schriller und lauter – mit. Ihr Gesang ging trotzdem im Lärm der anderen Schüler unter.

Weniger »in« oder »hip« gekleidet war eine Schülergruppe, die nahe der Hausecke stand, in der sich gerade das Drama im Spinnennetz abspielte. Hier versuchte Michaels mitfühlende Klassenkameradin Carola, ihre Mitschüler zur tatkräftigen Unterstützung gegen die bewusste Tierquälerei aufzufordern. Sie hätte gerne das Leben der Fliege gerettet. Carola war kräftig gebaut, hatte einen Klumpfuß und trug einen orthopädischen Spezialstiefel mit Metallverstärkung an der Schutzkappe. Aber sie besaß ein sonniges Gemüt und Humor, sodass sie allseits beliebt war. Und Carola hatte das nötige Überzeugungsvermögen, um sich für ihre eigenen und die Interessen ihrer Klassenkameraden effektiv einzusetzen. Und wenn einmal rationale Argumentationen nicht weiterhalfen, konnte Carola auf eine gehörige Portion Charme und das nötige Mundwerk zurückgreifen, um die Lehrer dennoch dazu zu bringen, das zu entscheiden und zu tun, was die Schüler von ihnen wollten. Dafür wurde sie von allen Mitschülern in ihrer Klasse sehr geschätzt und immer wieder zur Klassensprecherin gewählt. Aber vor allem besaß sie Durchsetzungskraft. Notfalls auch schlagkräftige. Und trittfeste. Es konnte ganz schön wehtun, wenn man den Tritt mit einer metallverstärkten Schutzkappe an eine empfindliche Stelle bekam.

In Otwin, der mit seiner dicken Hornbrille steif neben ihr stand und wie üblich von seiner Mama in ein gestärktes Oberhemd und einen ordentlichen und glattgebügelten sauberen Anzug mit Fliege verpackt worden war, bevor sie ihn zur Schule hatte gehen lassen, fand Carola einen eifrigen Befürworter ihrer Idee. Otwin machte aber deutlich, dass er sich auf keinen Fall alleine – oder nur zu zweit mit Carola – um dieses Problem kümmern wollte.

Weniger Aufmerksamkeit erhielt Carola von dem unauffälligen Hardi, der sich lieber als Dokumentator betätigte,
mit einer kleinen Handkamera neben seinem tierquälenden
Klassenkameraden stand und das Treiben im Netz der
Spinne filmte. Dabei schien er völlig in seiner Aufgabe auf-
zugehen und sich auf seine objektive Dokumentationspflicht zu konzentrieren, denn er zeigte weder Anteilnahme
an der kulinarischen Vorfreude der Spinne noch an der
Panik und dem verzweifelten Todeskampf der Fliege.

Auch Thomas, ein schmächtiger, brünetter Schüler, der
mit hängenden Schultern neben Otwin stand, hatte für die
Interessen von Kleintieren keinerlei Beachtung, geschweige
denn Mitgefühl übrig. Thomas steckte in einer hellbraunen
Bundfaltenhose aus Tweed und einem Oberhemd und V-
Pullunder mit Burlington-Karos. Man sah ihm an, dass er
sich in dieser Kleidung nicht zu Hause und auf keinen Fall
wohl fühlte. Seiner Klassensprecherin widmete er genauso
wenig Aufmerksamkeit wie dem Todeskampf der Fliege.
Das Einzige, was Thomas interessierte, war seine Mitschülerin Linda: das blonde »Engelchen«.

Linda Engel war der Schwarm aller ihrer Mitschüler,
nicht nur der von Thomas, denn Linda war hübsch, witzig
und begehrenswert. Aber im Gegensatz zu den anderen
Jungen, die in ihrer rein äußerlichen und oberflächlichen
Begeisterung nur auf Lindas allgemeinen Status als Sexsym-
bol achteten, hatte Thomas begriffen, dass Engelchen weit
mehr zu bieten hatte als nur eine schöne Hülle. Zuerst, in
der fünften und sechsten Klasse, hatte er sie einfach nur
dumm angehimmelt, wie alle anderen. Dann war eine Phase
gefolgt, in der er sie gar nicht mehr so toll gefunden hatte,
weil sie ihm zu oberflächlich erschienen war. Doch später
hatte er plötzlich verstanden, dass Linda mit dieser Oberflächlichkeit nur eine Rolle spielte. Eine Maske, hinter der

sie etwas versteckte. Und dieses verborgene Etwas war sehr wahrscheinlich ihre Unsicherheit oder Verletzlichkeit. Das waren immer die Eigenschaften, die man besser verbarg, da sie automatisch weitere Verletzungen nach sich zogen, sobald man sie offen zeigte. Mit ihnen auf der Fahnenstange machte man sich automatisch zum Angriffsziel für die Verachtung der anderen.

Thomas wollte später einmal Schriftsteller werden. Oder Regisseur. Auf jeden Fall etwas Kreatives. Vielleicht am Theater. Oder beim Film. Und sein Beruf sollte mit Literatur und Dramaturgie zu tun haben, denn Deutsch war Thomas' Lieblingsfach. Darin hatte er immer sehr gute Noten. Ein wenig kannte er sich mit dramaturgischen Konzepten und Begrifflichkeiten bereits aus, weil er über das Schulpensum des Deutschunterrichtes hinaus selbstständig viele Bücher zum Thema gelesen hatte. So wusste er, dass in Roman, Theater und Film die »Maske« weniger eine Frage des Makeups war, sondern vielmehr ein wichtiges Konzept beim Entwurf und Verständnis der Charaktere. Und Lindas Oberflächlichkeit erschien Thomas inzwischen nur allzu offensichtlich als ihre Maske. Das Händel-Gymnasium besuchten nämlich fast nur Schüler aus den gebildetsten, wohlhabendsten und einflussreichsten Familien der Stadt. Ausnahmen wie Linda, deren Eltern beide »nur« als einfache Angestellte bei einer der Kurzenhagener Behörden arbeiteten, kamen nur sehr selten vor. In ihrer eigenen Klasse war Linda damit sogar die Einzige unter einer Ansammlung von Kindern der gesellschaftlichen Elite der gesamten Region. Da gab es Otwin Storm, den ältesten Sohn des Direktors vom Händel-Gymnasium. Und den foto- und filmbesessenen Hardi Wehn, den jüngsten Sohn des einzigen Getränkegroßhändlers im gesamten Landkreis. Und Michael Graf, den einzigen Sohn eines Oberarztes aus einer privaten Schönheitsklinik in Hannover. Und Carola Hoffmann, das einzige Kind eines schweinezüchtenden Großbauern aus einem der Nachbardörfer. Thomas' Klassensprecherin war quasi mit Tieren als Ersatzgeschwistern aufgewachsen und hatte von ihren Eltern den liebevollen Beinamen »Die Perle unter unseren Säuen« erhalten. Und Thomas' Vater war niemand Geringeres als der berüchtigte und wegen seiner gnadenlosen und unmenschlichen Urteile über Kurzenhagen und Hannover hinaus als »Scharfrichter« oder »Der Henker« bekannt gewordene Richter Dinker-Thon. – Und wie musste sich da wohl Linda als einfache Angestelltentochter zwischen diesen ganzen privilegierten Töchtern und Söhnen aus der Kurzenhagener Oberschicht fühlen?

Ihre oberflächliche Maske diente ihr sicher nur als Selbstschutz gegenüber dem Dünkel der anderen. Hinzu kam noch, dass Lindas Eltern nicht einmal einen Realschulabschluss besaßen. Sie konnten ihren Nachwuchs zu Hause also nicht mit dem Bildungsvorsprung versorgen, den die Kinder der Eltern erhielten, die bereits selber auf diesem Gymnasium gewesen waren und anschließend selbstverständlich auch eine Universität besucht hatten. Was auf die meisten der jetzigen Schüler aber zutraf. Und wenn man den anderen gegenüber sowohl finanziell als auch im Grad der Bildung benachteiligt war, brauchte man künstliche Selbsterhöhungen als Ausgleich für die mangelnden Privilegien, um mit den anderen wenigstens ansatzweise mithalten zu können. Und man benötigte effektiv funktionierende Selbstschutzmechanismen.

Mit so etwas kannte Thomas sich aus. Nicht, weil er unterprivilegiert gewesen wäre, zumindest nicht in Bezug auf Finanzen oder Bildung, aber mit einem »Scharfrichter« und »Henker« als Vater, war man grundsätzlich benachteiligt. Wenn auch nur psychologisch. Doch genau das war ja letztendlich ausschlaggebend. Zusätzlich zum Schulpensum beschäftigte Thomas sich nicht nur mit Büchern über Dramaturgie, sondern auch mit psychologischer Lektüre. Psychologie war sein zweites Lieblingsfach in der Schule und er war dankbar dafür, dass die engagierte Umtriebigkeit des Förderkreises dieses selten angebotene Schulfach überhaupt erst ermöglicht hatte. An den anderen Gymnasien gab es das nicht. Jedenfalls nicht zu dieser Zeit. – Aber was nutzten einem eine privilegierte Herkunft, die besten Bildungsmöglichkeiten und eine umfangreiche zusätzliche Belesenheit, wenn die sozialen Vorteile daraus durch die psychologischen Nachteile aus einer autoritären Erziehung wieder kaputt gemacht wurden?

Thomas' Eltern waren wesentlich älter als die meisten Eltern der Mitschüler und sie gehörten noch zum strengen »alten Schlag«. Richter Dinker-Thon war nicht nur im Gerichtssaal eine gefürchtete Respektsperson und seine Frau stand ihm in nichts nach. Solche Eltern waren kein Zuckerschlecken und eine Kindheit und Jugend unter ihnen erst recht nicht. Thomas' jüngere Schwester Ursel hatte nie so sehr unter den veralteten Erziehungsmethoden gelitten. Aber Thomas umso mehr. Und er stand zwar nicht unter der Fuchtel einer Mutter mit so einem altmodischen Geschmack, wie sein ständig geschniegelter Mitschüler Otwin. Doch die Bundfaltenhosen und Pullunder, die Thomas immer in der Schule tragen musste, waren nur um eine minimale Nuance weniger schrecklich. Und gut aussehend war sowieso etwas ganz anderes. Oft lief Thomas ohne Körperspannung, zusammengesackt und mit hängenden Schultern herum. Von seiner miserablen vornübergebeugten Haltung hatte er beinahe schon einen Rundrücken bekommen. Und noch um Ecken katastrophaler war die Sache mit seiner Stimme. Sie schaffte es nur selten, sich aus ihrem angespannten Falsettregister zu befreien. Und wenn, dann schlug sie jedes Mal nur ganz unkontrolliert und so plötzlich ins Brustregister um, als hätte sie ihren schwächlichen Halt verloren und wäre endgültig abgestürzt. Mit diesem Fistelstimmchen hörte er sich so an, als versuchten seine Stimmbänder immer noch vergeblich in die Reife der Pubertät vorzudringen. Und seine Haltung und die Stimme waren bloß das äußerliche Erscheinungsbild seiner noch wesentlich kümmerlicheren Persönlichkeit.

Thomas legte keine sadistischen Tendenzen an den Tag wie Arztsohn Michael. Aber er war ängstlich und gehemmt. Und vor allem war er sich über Letzteres bewusst. Selbstbewusstsein sah anders aus und hörte sich anders an als Thomas Dinker-Thon. Natürlich war keiner der angeseheneren Schüler mit so einem Jammerlappen wie ihm befreundet. Und so eine Traumfrau wie Engelchen hatte an ihm selbstverständlich erst recht kein Interesse. Warum auch? Wäre er an Lindas Stelle gewesen, hätte er sich ebenfalls nicht für Thomas Dinker-Thon interessiert.

Der Trommelwirbel aus »In The Air Tonight« riss Thomas kurz aus seinen Betrachtungen über sich, Linda Engel und die Probleme mit seiner mangelnden erotischen Anziehung. Aber nur kurz. Thomas konzentrierte sich sofort wieder auf seinen Gedankengang. Während er selber sich mit solch relativ unspektakulären Mitschülern wie Otwin oder Carola als Freunden zufriedengeben musste, gehörte das blonde Engelchen Linda zu einer wesentlich aufregenderen Clique. Und natürlich verbrachte sie auch ihre Schulpausen mit ihnen und nicht zusammen mit Thomas, Otwin und ihrer Klassensprecherin. – Leider!

Linda stand in einer – schon einmal optisch – auffälligen Gruppe gleich neben den anderen. Sie gehörte zu den wenigen Schülern, die sich bereits den aufbegehrenden Kleidungsstil der Punker angeeignet hatten. Und damit war sie nicht nur wesentlich angesagter gekleidet als die öden Langweiler in der Gruppe ihrer Klassensprecherin. Ihre Punkerkleidung passte auch viel besser zum revolutionär wirkenden Outfit ihrer eigenen Gruppe. Zumindest, was die Kleidung der Jungen betraf. Der kleine blonde Rudi, der große dunkelhaarige Olli und der dicke Bernhard, dem immer mal wieder eins seiner vielen Löckchen in die Stirn fiel, trugen jeder einen olivfarbenen Anorak und eine dunkle Baskenmütze mit einem fünfzackigen roten Stern. Und damit sahen sie aus wie eine zu blonde und eine zu dicke Version von Che Guevara – und wie eine übertrieben gelangweilte, denn Olli kaute mit offenstehendem Mund und laut schmatzend auf einem hellgrünen Kaugummi herum, den er immer wieder aufblies und platzen ließ, sodass er damit unglaublich cool wirkte. Die grazile Andrea ging beinahe in dem übergroßen Pali-Tuch unter, das sie sich gewollt leger um den Hals gewickelt hatte. Allein Franziska, die Sechste im Bunde, folgte nicht dem revolutionären Kleidungsdiktat ihrer Pausenhofclique und trug ein unauffällig graugrünes und schlichtes, aber damenhaftes und edles Ensemble aus Wolle. Ihrer Akzeptanz durch die anderen stand dies jedoch nicht im Wege. Und Franziskas modischen Fauxpas machte Linda kleidungstechnisch allemal wieder wett. Unter ihrer mit Nieten besetzten schwarzen Lederjacke trug sie einen ebenfalls ledernen Minirock und ein ausgewaschenes schwarz-graues T-Shirt, dessen Ausschnitt tief eingerissen war.

Was aber die Positionen ihrer Eltern in der Kurzenhagener Gesellschaft betraf, so unterschieden sich – außer eben Linda – auch diese Sprösslinge nicht groß von ihren übrigen Mitschülern. Den Eltern von Bernhard Rainer Daubner, dem »dicken Daubner«, gehörte die »Kurzenhagener Morgenpost«. Natürlich die einzige Tageszeitung vor Ort. Oliver Specht war der älteste Sohn des Bürgermeisters von Kurzenhagen. Der Vater von Rüdiger Voss genoss mit seiner einzigen Glaserei in der Umgebung eine ähnliche regionale Monopolstellung wie der Getränkegroßhandel Wehn. Andrea Sperling war das Töchterlein einer Großfabrikantenfamilie, der die »Werkzeugwerke Hannover« gehörten. Und Franziska von Lauenstein stammte sogar aus einer adligen und superreichen Familie. Sie gehörte zu den oberen Zehntausend. Nicht nur regional, sondern weltweit. Lindas Auswahl an Freunden in dieser Klasse konnte sich jedenfalls kaum an der Schichtzugehörigkeit der anderen orientieren, denn da gab es – von Franziska und Linda mal abgesehen – keine allzu großen Abweichungen, die ein relevantes Sozialranking erlaubt hätten. Das Einzige, was die Jugendlichen in Lindas von denen in Thomas' und Carolas Gruppe wirklich unterschied, waren die individuellen Persönlichkeitsmerkmale. Zu der einen Gruppe gehörten die fröhlich-witzigen, selbstbewussten, unterhaltsamen und abenteuerlustigen Draufgänger und zu der anderen dann eben solche Graumäuse wie Hardi und Otwin, Krüppel wie Carola oder jemand so Unsicheres wie Thomas, dessen Stimme partout nicht erwachsen werden wollte.

Aus unerfindlichen Quellen wusste Hardi Wehn immer mal wieder von Gerüchten über Abenteuer dieser Clique um Linda in der Kurzenhagener Schrebergartenkolonie zu berichten. Lindas Eltern besaßen dort eine kleine Parzelle, die sie aber nur selten selber besuchten, sodass sie meistens brach lag und die Laube darauf ungenutzt blieb. Hardi erklärte jedoch nie, woher diese Gerüchte kamen, oder was genau es mit diesen Abenteuern in der Gartenhütte auf sich hatte. Sich Details dazu auszumalen, blieb Thomas' Fantasie überlassen. Solch eine unsympathische Spaßbremse, wie er einer war, kam nicht in den Genuss aufregender Freunde, Abenteuer und Geheimnisse, weil er stattdessen immer brav zu Hause blieb und sich nicht zu mucken traute. Thomas war sich bewusst, dass er keinerlei Chancen bei solchen Mädchen wie Andrea oder Franziska hatte – und erst recht nicht bei Linda. Und natürlich verbrachte eine Linda Engel mit solch dummen Witzfiguren wie ihm, nicht einmal ihre Schulpausen. Thomas traute sich auch nur, sehnsüchtig und verstohlen zu Linda hinüberzublicken – aber so unauffällig wie möglich, damit es bloß niemand bemerkte – und keinesfalls sie selber oder einer ihrer Freunde.

Bernhards Aufmerksamkeit war jedoch voll und ganz auf sein Outfit ausgerichtet. Er hatte wohl bemerkt, dass er nicht ganz so wie Che Guevara aussah und zupfte unzufrieden an seiner Mütze herum. Olli hatte ebenfalls keine Augen für Thomas oder die Nachbargruppe, sondern er konzentrierte sich auf seinen Kaugummi und versuchte, sich von Mal zu Mal mit der Größe der Blasen zu übertrumpfen und dadurch Andrea neben ihm zu beeindrucken, was ihm auch gelang. Franziska beobachtete still grinsend, was sich da zwischen Andrea und Olli anbahnte. Und auch Linda beachtete die peinlichen Blindgänger der anderen Gruppe scheinbar überhaupt nicht weiter. Sie kicherte im Gespräch mit ihren Freunden immer wieder fröhlich drauflos. Aber Thomas schien es so, als ob sie trotzdem längst mitbekommen hatte, wie er sie anschmachtete. Er meinte zumindest zu bemerken, wie sie es Rudi mit kaum sichtbaren, aber vielsagenden Blicken andeutete und dass der Sohn des Kurzenhagener Glasermeisters leicht grinsend nickte.

Thomas resignierte. Der liebenswerte spätere Spitzname für seine Schule wäre ihm als Letztem eingefallen, denn die hier verbrachte Zeit war für ihn alles andere als zauberhaft. Eher sogar grauenhaft. Und das weniger wegen des Tierquälers. Es gab weitaus Schlimmeres als Michael Graf. Zumindest für Menschen. Von der großen Jugendliebe so ignoriert zu werden wie von Linda, war schlimmer.

Im Hörfunksender blendete ein Moderator ganz vorsichtig das Ende von »In The Air Tonight« aus und zu »Hotel California« von den Eagles über, das nun aus dem Nachbarhaus schallte und mit der gleichen Leidenschaft und Intensität von den Abiturienten mitgeträllert wurde wie sein Vorgänger. Und nebenan nahm das Drama im Spinnennetz eine entscheidende Wendung. Nicht, dass sich die Fliege hätte befreien können, der Spinne die Lust auf ihr Festmahl vergangen wäre oder sich die Schüler um Carola endgültig darauf geeinigt hätten die Fliege zu retten. Aber Michael Graf, wegen seines Bürstenhaarschnitts auch »Mecki« genannt, beobachtete aufmerksam das Werk der Spinne, bevor er sich entschloss, selber einzugreifen. Mecki, der Gott des Festmahls, der Urheber des Gemetzels und der Schöpfer und Henker hockte sich nieder, griff ins Netz, zupfte vorsichtig die Spinne heraus, fixierte sie mit der einen Hand, riss ihr mit der anderen die Beine aus und hörte sie dabei mit seinem Stethoskop ab. Der Sohn des berühmten Schönheitschirurgen Graf eiferte seinem liebsten Vorbild nach und versuchte sich in der Rolle des Frankensteins, allerdings weniger konstruktiv als destruktiv. Und in seiner Klassensprecherin gewann das Verlangen, einer Schutzbedürftigen die nötige Hilfe und Unterstützung zukommen zu lassen, die Oberhand. Carola riss der Geduldsfaden. Sie hörte auf zu diskutieren und wandte sich schimpfend an Michael. Auch die Jugendlichen in der Nachbargruppe mit Linda waren nun auf die wütende Carola und das Treiben ihres sadistischen Mitschülers in der Hausecke aufmerksam geworden und kamen langsam herbeigetrottet.

Carola trat an Michael heran und versuchte zuerst nur verbal einzugreifen. Nachdem dieser Versuch jedoch keine Wirkung erzielte, schlug sie Michael die Spinne aus der Hand – nicht ohne sich zu vergewissern, dass dem Tier dabei nichts weiter geschah und es diese Aktion überlebte, wenn auch nicht mehr auf allen acht Beinen – und verpasste ihrem Klassenkameraden einen gewaltigen Fausthieb ins Gesicht. Michael schleuderte herum und offenbarte ihr dadurch seine Weichteile, in die sie geschickt, aber äußerst unsanft ihren Klumpfuß platzierte. Michael krümmte sich, ging zu Boden und Carola trat noch einmal zu.

Thomas war als braver, folgsamer Schüler mit dem Terminus »Verhältnismäßigkeit der Mittel« nicht so vertraut wie seine drei demoerprobten Klassenkameraden Rudi, Olli und Bernhard. Aber er hatte einen klaren Begriff von Fairness im Hinterkopf, sah diese im Verhältnis zwischen Carola und Michael nicht mehr so ganz gewährleistet und versuchte vermittelnd einzugreifen. Sogar Hardi fühlte sich nun berufen, sich nicht mehr nur auf die Rolle des Dokumentators zu beschränken und redete auf Carola ein. Doch diese gestikulierte ihren beiden Mitschülern nur mit der einen Hand zu, dass sie sich raushalten sollten, während sie ihre andere als Faust ein zweites Mal in Michaels Gesicht landen ließ. Dann trat Carola erneut zu und boxte auch Hardi die Kamera aus der Hand.

Linda, Franziska und Andrea standen unbeteiligt und etwas ratlos an der Seite, doch Rudi, Olli und Bernhard hatten an dieser ganzen Aktion einen gewissen Gefallen gefunden. Sie johlten laut auf und versuchten, ihre Klassensprecherin mit Zurufen weiter anzustacheln, während Thomas nach wie vor um Vermittlung bemüht war. Aber Michael gab nun endlich klein bei, sodass Carola von ihm abließ. Allerdings war das Guevara-Triumvirat von der

Keilerei so aufgeputscht, dass ihnen die Deeskalation dieser Situation überhaupt nicht behagte. Sie brauchten eine Zielscheibe für ihre entfachte eigene Aggression und fanden sie in Thomas Dinker-Thon, der sich gegen die Wand neben der Hausecke gelehnt hatte und verlegen begann, mit den Füßen auf dem Boden herumzuscharren, denn er ahnte, was jetzt kommen würde. Entgegen seiner üblichen Körperhaltung hielt er seine Schultern nun hochgezogen, als versuchte er, mit ihrer Hilfe seinen Kopf davor zu schützen, dass gleich jemand auf ihn einprügelte.

Meckis wiederkehrende Tierquälereien waren grauenhaft, Lindas Desinteresse an Thomas war noch schlimmer, aber das ständige Hänseln und Sticheln der drei Revolutionäre gegen ihn und die anderen weniger angesehenen Mitschüler brachte jedes Mal das Fass zum Überlaufen. Ihre Klassensprecherin ließen sie zwar relativ zufrieden, weil sie Vorteile durch sie und ihre Position genossen. Doch mit verächtlichen Titeln und Rufnamen verschonten sie auch die »Perle unter Säuen« nicht. Carola und Otwin bedachten sie mit Spitznamen wie »Humpelfuß«, »Krüppel«, »Ödipus« und »Ödiwin«. Thomas nannten sie »Memme«, »Thomas Piepston« oder »Thomas Dingdong«. Nur für den farblosen, langweiligen Hardi Wehn machten sie sich nicht die Mühe, einen Lästernamen zu erfinden. Thomas wusste aber selber, dass er nicht gerade der Hingucker war, man musste es ihm nicht auch noch ständig unter die Nase reiben.

»Halt bloß deine Klappe, du peinlicher Saftarsch!« Rudi brauchte Thomas nur scharf anzusehen, damit der sofort zusammenzuckte. »Du Piepston hast hier gar nichts zu melden.«

»Dinker-Thon, Dinker-Thon, an dir bammelt dein Dingdong rum«, säuselte der dicke Bernhard vor sich hin, tänzelte vor Thomas auf und ab und grapschte sich mit einer provozierenden Geste in seinen Hosenschritt.

»Diese Oberniete weiß doch noch gar nicht, wozu sein Dingdong überhaupt da ist«, versuchte Olli Bernhard zu toppen und blies seinen Kaugummi auf, bis die hellgrüne Blase platzte und ein Fetzen davon an seiner Nasenspitze kleben blieb, sodass er ihn umständlich abkratzen musste.

»A-a-a-ah!« Rudi äffte Thomas' ins Falsett umschlagende Stimme nach und klang wie ein zwerchfellschlaffer Tarzan. Als er sah, dass seine Klassensprecherin mit Michael fertig war, zog er Olli und Bernhard an den Ärmeln beiseite: »Achtung, Caro kommt!«

Carola kam herbeigehumpelt, um dem nächsten Schutzbedürftigen gegen dessen Peiniger beizustehen.

Rudi hatte zwar Respekt vor seiner Mitschülerin und ihrer Art sich durchzusetzen. Jedoch konnte er es sich nicht verkneifen, sie wenigstens verbal zu attackieren und nuschelte sie frech an: »Wir ham' dich nich' wiedergewählt, damit du dich als Rächerin der Nieten und Versager aufspielst!«

Carola grinste betont gelangweilt. »Nee, du Rowdy. Ihr habt mich nur wieder zur Klassensprecherin gewählt, weil ich die Lehrer besser bequatschen und um den Finger wickeln kann als ihr alle zusammen. – Aber zum Glück kann ich auch noch mehr.« Resolut schob sie die drei stänkernden Jungen von Thomas weg. »Los, verzieht euch – oder …!« Sie hob drohend ihr Bein mit dem Klumpfuß.

Die drei Schüler ließen widerstandslos von Thomas ab und begannen sich zurückzuziehen. Wer solche Autorität besaß wie Carola, benötigte meistens keine Gewalt als weiteres Mittel zur Durchsetzung. Allerdings konnte Rudi es sich nicht verkneifen, jetzt erst richtig gegen Thomas zu sticheln: »Diese Memme, muss sich von 'nem Mädchen verteidigen lassen, oh Mann, ist das 'n schlaffer Sack!«

Carola war gewohnt zu dirigieren und sie kannte ihre drei Pappenheimer genau: »Selber Schlappschwanz, dass *du* dich von einem Mädchen vertreiben lässt. Das nagt am Ego, was? Und den Frust darüber leitest du nach unten gegen die Schwächeren ab? – Rowdy, du bist vielleicht ein Feigling! Und was ist das eigentlich für ein Benehmen? Ihr wollt schon sechzehn sein? Das, was ihr hier abliefert, ist ja noch nicht einmal *prä*pubertär!«

Linda, Andrea, Franziska und das stänkernde Trio verzogen sich wieder, letztere drei jedoch nicht, ohne Thomas gehässige Grimassen zuzuwerfen. Thomas wäre am liebsten vor Scham im Boden versunken. Genau solch eine Situation wie diese, in der er sich von einem Mädchen verteidigen lassen musste, war immer das Allerschlimmste.

»Du kannst weggehen, wann immer du willst, aber du wirst uns nie entkommen!« Die Abiturientengruppe am Zaun schmetterte lauthals die letzten Zeilen des Refrains von »Hotel California« mit. Und so aufdringlich und schrill, wie sie es interpretierten, wurde selbst ihr Gesang zu einer Bedrohung, der man niemals entkommen und vor der man sich nirgends verstecken konnte.

Schweißgebadet wachte Thomas auf. Reflexartig überprüfte er die Konstitution seiner Stimmbänder und atmete erleichtert durch. Das beklemmende Gefühl des Grauens wich langsam von ihm. Er brauchte einige Sekunden, um zu realisieren, dass er zum Glück nicht mehr sechzehn, fistelstimmig und in Kurzenhagen, sondern fast dreißig Jahre älter und in Berlin war. – Von seiner furchtbaren Zeit als Schüler hatte er schon lange nicht mehr geträumt.

•• <> ••

HASS UND LIEBE

»Yesterday …« Vier junge Leute wippten und tänzelten im Rhythmus der Musik und trällerten lauthals den alten Song der Beatles mit, der aus einem Kofferradio auf der Fensterbank dröhnte. Die auffallend attraktiven Twens hatten sich in ihrer Küche versammelt und bereiteten das Mittagessen vor: Tina und Achim schnippelten am Küchentisch Paprika und Knoblauch klein, während Dennis vor der Spüle stand, um Besteck abzuspülen, und Dorothee am Herd damit begann, die bereits geschnittenen Zucchini anzudünsten.

Die vier jungen Leute hatten schlanke und gut durchtrainierte Körper, professionell geschminkte Gesichter, ebenso kunstvoll gestylte Frisuren und waren modisch und mit einigen bunten Accessoires ausstaffiert. Dorothee sah in ihrer Bienenstock-Frisur und den stark geschminkten Augen so aus, als versuchte sie sich als Reinkarnation von Amy Winehouse. Bei dem blondgelockten Dennis hatte man unwillkürlich die Assoziation zu einem Playboy oder Gigolo – zumal der blonde Beau auch nicht den Eindruck machte, als müsste er gerade Geschirr abspülen. Er wirkte eher so überschäumend gelöst, als wäre er Casanova nach einem erfolgreichen Beutezug. Er und die etwas ältere Dorothee tänzelten beschwingt zur Musik hin und her und Achim ließ sich nicht einmal vom durchdringenden Geruch des Knoblauchs davon abhalten fröhlich mitzusingen. Der dunkelhaarige Endzwanziger widmete sich mit einem verschmitzten Grinsen den Knoblauchzehen, als warteten sie bereits ungeduldig darauf, endlich von ihm in Scheiben geschnitten zu werden: »Ja, Jungs. Nun mal ruhig! Papi kommt doch schon.« Nur Tina, eine kleine Rothaarige und die Jüngste in dieser Runde, zerkleinerte stumm und mit einem ziemlich muffeligen Gesichtsausdruck die Paprika.

Nebenan in einem kleinen schmalen Raum saßen zwei Männer und eine Frau vor mehreren Bildschirmen, auf denen sich die Bilder der jugendlichen Wohngemeinschaft bei ihren fröhlichen Essensvorbereitungen gleich mehrfach wiederholten, und beobachteten aufmerksam die Aktivitäten der vier jungen Leute. Als ihr Chef von draußen seinen Kopf durch die Tür steckte, nickten sie nur stumm. Einer der beiden Männer murmelte: »Ja, war okay.«

Der Chef – in Jeans, T-Shirt, seiner legeren Lieblingsweste und weißen Haaren – war allerdings alles andere als zufrieden. »Naja, rein technisch gesehen vielleicht. Und Achims Impro mit dem Knoblauch können wir durchgehen lassen, das war witzig und passt zu seiner Rolle. Aber ist euch nicht aufgefallen, dass Dennis völlig übertrieben hat?«

»Also *noch* mal?«, fragte nun die Frau im Technikraum.

Der Chef ging kurz in sich, bevor er entschied: »Ganz so wichtig ist die Szene nicht. – Aber doch, wir drehen sie noch mal, ja!« Regisseur Tom Dithon schüttelte den Kopf, kehrte in die Küchenkulisse zu seinen vier Schauspielern zurück und wies Dennis an, bei der nächsten Klappe nicht gleich wieder den Casanova zu spielen.

Keine zwanzig Meter von ihnen entfernt, und trotzdem in einem scheinbar völlig anderen Universum, walzte die voluminöse blonde Anfang-Vierzigerin Alexandra mit einem zufriedenen Lächeln ihre dreißig Kilo Übergewicht durch das Gewirr der Gänge vor den einzelnen Studiobereichen in einer riesigen Halle. Die Aufnahmeleiterin einer der beliebtesten deutschen Fernseh-Vorabendserien begegnete mehreren Kollegen, die sie respektvoll grüßten, und stieß vor dem großen doppelflügeligen Eingangsportal ihrer Studioräume mit der Aufschrift »Hass und Liebe« mit der jungen türkischen Requisiteurin von »HUL« zusammen, die ihr hektisch aus dem Portal entgegengerannt kam.

»Hoppla, Emel, nicht so stürmisch!« Alexandra musste amüsiert schmunzeln. Doch sie stoppte nur Emels körperlichen Schwung ab, nicht aber deren mentale und vor allem verbale Power.

Die Requisiteurin wetterte sofort drauflos: »Hey Alex! Stell dir det mal vor: Irjend son Arsch hat det Messer vertauscht. Da war eben een echtet Messer für die Mordszene am Set. – Wie jut, det ick vorher immer noch mal allet durchchecke! Echt krass, ey! Det war janz bestimmt wieder Achim, da verwett ick mir druff. Ick tausch et schnell jejen det richtije falsche Messer ein.«

Alexandra lachte leise. »Erst mal guten Morgen, Emel! Und nun kannst du gerne das falsche echte Messer gegen ein echt falsches austauschen.« Die Aufnahmeleiterin entließ Emel, die sofort in Richtung Requisitenaufbewahrung verschwand, und betrat die Studioräume von »HUL«.

Dort kam ihr Tom aus dem Technikraum entgegen und begrüßte sie: »Moin, Alex. Hat dich die morgendliche Rushhour doch noch rechtzeitig wieder ausgespuckt! Du kommst gerade richtig. Die ›Yesterday‹-Szene in der Küche haben wir im Kasten, jetzt kommt *die* Szene in der Uni.«

In den Hallen des Neuen Studios Berlin drehte die TV-Vorabend-Produktion »Hass und Liebe« das entscheidende Serien-Special zum fünfzehnten Geburtstag von »HUL«. Für diese Jubiläumsfolge der beliebtesten Seifenoper des nicht nur jugendlichen deutschen Publikums hatte ihr Produzent Wim Wonneberg eine ungewöhnlich dramatische Handlung vorgesehen: mit Mord und falschen Beschuldigungen gegen ein – selbstverständlich unschuldiges – Mitglied aus Deutschlands bekanntester Wohngemeinschaft. Und natürlich in aufgeteilter Doppelfolge, um das hochgeschätzte und entsprechend umworbene Publikum mit einer Pause zwischen den beiden Sendungen auf die Folter zu spannen. Und als Regisseur und Aufnahmeleiterin trugen Tom und Alexandra bei der Realisierung dieses Vorhabens die Last der Hauptverantwortung.

Als Alexandra im Studio von HUL auftauchte, wurde sie von allen kurz begrüßt. Dann strebten sofort Dennis und zwei weitere junge Schauspieler, die in der zentralen Mord-Szene aktiv werden sollten, in eine Kulisse, die den Seminarraum einer Universität darstellte. Gleichzeitig brachten sich der Kameramann, der Tonassistent und alle anderen Beteiligten der Filmcrew um die Kulisse herum in ihre jeweilige Position. In zweiter Reihe postierten sich diejenigen, die an dieser Szene nicht mitarbeiten brauchten, als reine Zuschauer. Tom und Alexandra standen neben dem Kameramann und berieten sich flüsternd über die Beleuchtung und die Positionen der einzelnen Darsteller in der Szene. Tom hatte eine Idee, verwarf sie aber sofort wieder, nachdem Alexandra energisch den Kopf schüttelte, als er ihr die Idee vortrug. Dennis und die anderen beiden Schauspieler standen im »Seminarraum«, als einer von ihnen – schon mal probehalber und zur allgemeinen Belustigung und Unterhaltung aller Umstehenden – übertrieben röchelnd auf den Boden fiel. Aber ein entscheidendes Element fehlte noch, um wirklich mit dem Dreh beginnen zu können, weil seine Botin vor dem Eingangsportal des Studios aufgehalten wurde.

Schauspieler Achim hatte die Requisiteurin dort abgefangen und stritt sich mit ihr über das heißersehnte Requisit. »Du untersuchst doch vor jeder Klappe alles super sorgfältig. Ich wusste, dass du das Messer entdecken würdest, bevor damit Schaden angerichtet werden kann. Also reg dich ab!«

»Nee, mein Liebster, det wussteste nicht. Det haste nur stark anjenomm'. Und det is een jravierender Unterschied. – Soll ick jetzte etwa ooch noch jedet blöde Jetränk überprüfen, ob de da vielleicht Blausäure oda sowat rinjetan hast? Deine sojenannten Scherze jehen langsam unter die Jürtellinie!«

»Hier, du Eumel: der Duft der großen weiten Welt.« Achim hielt Emel seine Knoblauchfinger unter die Nase. »Einatmen und entspannen!«

Emels Kopf zuckte automatisch zurück. In diesem Moment öffnete sich das Flügelportal zu den Studioräumen von HUL und Alexandra steckte ihren Kopf heraus. »Was treibt ihr denn hier? Turteln könnt ihr nachher im ›Roten Kater‹! Wir warten auf das Messer.«

Achim knallte seine Hacken zusammen und stand stramm: »Jawoll, zu Befehl Mami!«

»Mit dir habe ich gar nicht geredet, du Scherzkeks!« Alexandra kicherte und verschwand wieder hinter dem Eingangsportal. Emel ließ Achim ebenfalls stehen, jedoch nicht ohne ihm noch einmal eine Grimasse zu ziehen, und brachte das – diesmal nicht echte, aber richtige – Messer dorthin, wo es schon so dringend erwartet wurde.

Achim geiferte ihr lästernd hinterher. »Immer schön brav sein und tun, was Mami sagt. Jawoll!«

Im »Seminarraum« wurden Emel und das Messer mit gespielter Dramatik empfangen: »Na endlich!« An Achims wiederkehrenden Unfug hatte man sich hier inzwischen gewöhnt. Er gehörte als auflockernde Unterhaltung genauso zum Alltag wie die Arbeit. Auch der Regisseur schüttelte nur amüsiert den Kopf.

Während Tom Dithon mit seiner überwiegend jungen Filmcrew im Frühjahr an dieser hochdramatischen Doppelfolge zum fünfzehnjährigen Jubiläum der Seifenoper »Hass und Liebe« drehte, ahnte er noch nicht, was da auf ihn zukam. Vor allem wäre es ihm nicht in den Sinn gekommen, dass der Albtraum, mit dem er am Morgen erwacht war, vielleicht so etwas wie ein bedrohliches Omen gewesen sein könnte.

• <> •

Neben der Eingangstür eines Schwabinger Straßencafés langweilte sich ein junger Kellner, da jetzt am Vormittag noch nicht so viel los war. Bislang saß nur ein einziger Gast an einem der Tische, sodass der Kellner in aller Ruhe die Menschen beobachten konnte, die auf dem Bürgersteig vorbeiflanierten. Als sich eine gestylte Blondine an einen der freien Tische setzte, wurde es interessant für den Kellner. Die neue Kundin trug einen dunkelblauen Rock, eine in einem helleren Blauton darauf abgestimmte modische Bluse mit einem auffallend tiefen Dekolletee, das ihren entweder äußerst gesund gewachsenen oder mit Silikon nachgebesserten Busen zur Schau stellte, und farblich dazu passendes Make-Up. Der Kellner schätzte sie dem Aussehen und der Kleidung nach auf höchstens Anfang dreißig. Oder sie war eine Vierzigerin, die sich sehr gut gehalten hatte und auf jugendlich machte. Auf jeden Fall nahm sie sofort interessierten Blickkontakt mit dem einzigen weiteren Kunden des Cafés auf, einem jungdynamisch-elegant gestylten Mann um die vierzig, der an einem ihrer Nachbartische saß, in einer Tageszeitung blätterte, gemütlich an seinem Cappuccino nippte und erfreut zurücklächelte. Der Kellner begann stumm mit den Fingern abzuzählen und als er bei sechs ankam, stand der Gast auf und schlenderte scheinbar beiläufig und unabsichtlich zum Tisch der Blondine hinüber. Der Kellner grinste, nickte anerkennend und wartete ab.

Doch noch bevor der Mann die Blondine erreicht hatte, trat eine weitere Frau an deren Tisch und setzte sich nach einer kurzen Umarmung mit Bussi auf beide Wangen zu ihr.

Die zweite Frau war mit Sicherheit in den Vierzigern, brünett, nur sehr dezent geschminkt, mit einem ebenso dezenten wie eleganten, olivgrünen Designerkostüm aus Wolle bekleidet und trug eine weite Umhängetasche. Während sich der Jungdynamisch-Elegante improvisierend an den Kellner wandte und sich einen zweiten Cappuccino bestellte, begrüßten sich die beiden Frauen so herzlich, als hätten sie sich monatelang nicht mehr gesehen. Dabei waren sie erst gestern noch miteinander essen gegangen.

»Sorry Süße, ich bin etwas spät«, entschuldigte sich Franziska von Lauenstein. »Meine Künstler haben mich länger aufgehalten als geplant. Und du weißt ja selber, wie chaotisch die sein können.«

»Ja, ja.« Linda schaltete um auf Flüstermodus: »Schön, dass du da bist. Aber du hast ein blödes Timing drauf und mir gerade eine Anmache vermasselt.«

Franziska hatte sich zwar mit dem Rücken zu dem von ihrer besten Freundin anvisierten Café-Gast gesetzt, brauchte sich jedoch nicht umzusehen – sie hatte die Situation auch so erfasst und wisperte leise zurück: »Der doppelte Cappuccino?«

Linda ließ nur einmal bejahend ihre Augenlider sinken.

»Wenn er tatsächlich interessiert ist, hat er jetzt zwei komplette Koffeinschübe Zeit auf dich zu warten. Aber ich will dich gar nicht länger aufhalten, Engelchen.« Franziska fuhr in normaler Lautstärke fort: »Ich muss für die Veranstaltung heute Nachmittag bis spätestens um halb zwölf bei der Kulturbehörde aufgelaufen sein. Heute Abend geht es dann ab in den Flieger. Und nach der Ausstellung in Sydney organisieren wir am Wochenende eine Vernissage in Budapest.« Franziska mochte sich zwar für ihre Termine beeilen, doch sie hatte ihre Planung so gut durchorganisiert, dass selbst Eile bei ihr nicht hektisch, sondern völlig ruhig und routiniert wirkte.

Linda genoss es, hier mit Franzi zusammenzusitzen, auch wenn sie sich gestern Abend erst gesehen hatten. Aber noch mehr freute sie sich im Moment darauf, gleich wieder freie Bahn für den »doppelten Cappuccino« zu haben. Erleichtert atmete sie durch. »Das Übliche also. Na gut, dann beeilen wir uns mal. – Und? Was war das mit dem Klassentreffen?«

Der Kellner trat an ihren Tisch, Linda bestellte sich ebenfalls einen Cappuccino, Franziska winkte freundlich ab und der Kellner verschwand in den Innenräumen des Cafés.

»Ich habe eine Mail von Caro Hoffmann erhalten.« Franziska zog eine Mappe aus ihrer Umhängetasche, entnahm ihr ein Blatt Papier und steckte sie zurück in die Tasche. »Caro und Olli Specht wollen unter dem Motto ›Fünfundzwanzig Jahre nach dem Abi‹ ein Klassentreffen organisieren.« Sie drückte Linda das Blatt Papier in die Hand. »Das ist für dich: Caro hat eine vorläufige Adressenliste geschickt. Meine aktuelle Adresse haben sie von meinen Eltern, aber deine konnten sie nicht ermitteln, weil du keine Verwandten mehr in Kurzenhagen hast.«

»Ach, Franzi: Da wohnt doch noch diese eine Schwipp-Kusine von mir. Die, der jetzt unsere alte ›Sieben‹ gehört.« Linda grinste verschwörerisch und ließ ihre Gedanken in die guten alten Zeiten abschweifen, als sie und ihre Schulfreunde in der Kurzenhagener Kleingartenkolonie »Abendfrieden« die Gartenlaube der Familie Engel für ihre heimlichen Zusammenkünfte genutzt hatten, weil es der einzige Ort gewesen war, an dem sie sich ungestört und in aller Ruhe der sozialen Kontrolle ihrer Eltern hatten entziehen können. Wegen der Parzellennummer 7 hatte die Laube von ihnen damals die Kurzbezeichnung »Die Sieben« erhalten. Zu den Erinnerungen an die Abenteuer in der »Sieben« fiel

Linda allerdings auch ihre erste Ehe ein und augenblicklich wurde sie wieder ernst. »Haben sie eine Adresse von dem Loser dabei?«

»Ja, dein erster Ex wohnt jetzt in Hamburg. Also beruhigend weit weg von dir.« Franziska tätschelte Linda besänftigend die Hand und senkte ihre Stimme erneut zu einem Flüstern herab: »Was versprichst du dir denn von dem Cappuccino?«

Linda streckte sich behaglich und lehnte sich nachdenklich zurück, musste dann aber doch wieder nach vorn an den Tisch kommen, um leise mit Franziska flüstern zu können. »Nun, ja. Dieser Typ sieht nicht so aus, als ob er zu diesen dusseligen Möchtegernkünstlern gehört – so wie der Loser mit seinen blöden Marotten.« Lindas Gedanken schweiften ab und vor ihrem geistigen Auge erschien ihr ehemaliger Mitschüler und erster Ehemann, Bernhard Rainer Daubner. Noch vor dem Abschluss seines Abiturs war er auf die Idee gekommen, Schauspieler zu werden. Angeblich aus Leidenschaft. Aber Linda vermutete hinter seinen Motiven eher Renitenz gegen seine Eltern, die natürlich viel lieber gehabt hätten, dass ihr ältester Sohnemann die Leitung der »Kurzenhagener Morgenpost« übernimmt, wie es der Familientradition entsprach. Linda erinnerte sich nur allzu gut daran, wie Bernhard in Kurzenhagen bei einem von den Schülern des Händel-Gymnasiums selbsterarbeiteten Stück als »Che Guevara« auf der Bühne der Schulaula aufgetreten war und dabei alles andere als eine umwerfende Schauspielleistung an den Tag gelegt hatte. Die Sache mit der Schauspielerei war also keine gute Idee gewesen. Doch das war ein anderes Kapitel. Linda wischte ihre Gedanken an ihre Ehe mit Bernhard beiseite. »Weder subversiv noch künstlerisch begabt!«

In ihrer Erinnerung wurde der zu dicke Che Guevara von einem etwa dreißigjährigen, bunt gekleideten und mit Ohrringen und Goldkettchen behangenen Popsänger abgelöst, der auf einer Bühne in ein Mikrofon säuselte. »Dieser Cappuccino-Typ hier sieht aber auch nicht so flippig aus wie –«

»– dein zweiter Ex«, ergänzte Franziska ihre beste Freundin.

»Genau!« Lindas Erinnerungen an ihre Beziehung mit dem Popsänger Jim Kahn wanderte vom ersten Mal, als sie ihm begegnet war – natürlich als Besucherin eines seiner Konzerte, wo es sofort zwischen ihnen gefunkt hatte – zum Höhepunkt ihrer zweiten Ehe: Als Zeichen seiner außerordentlichen Liebe hatte Jim ihr einen knallroten Porsche geschenkt, der seitdem ihr Eigentum war. Doch schon bald nachdem Linda zur stolzen Besitzerin dieses schicken Flitzers geworden war, hatte Jim begonnen, zu tief ins Glas zu schauen. Leider! Linda seufzte auf: »Ja, Jim. Dieser Total-Flop. Als er mir den Porsche geschenkt hat, war er ja noch fit, aber dann … diese Flasche!« Linda hatte nie verstanden, wieso Jim der Whisky zum Verhängnis geworden war. Immer häufiger und immer schlimmer, bis es für sie nicht mehr ertragbar gewesen war und sie sich hatte scheiden lassen. Für solch eine künstlerische Loser-Geschichte wie bei Bernhard und so ein Alkoholdrama wie bei Jim sah dieser »doppelte Cappuccino« dagegen viel zu seriös aus. Linda fuhr träumerisch säuselnd fort: »Er wirkt auch nicht so konservativ und arbeitswütig wie Werner.«

Über Jim hatte sie dessen Plattenproduzenten Werner Hohmann kennengelernt. Und der hatte zum Glück nicht die dumme Flause im Kopf gehabt, unbedingt Künstler werden zu wollen. Er gehörte zu den Realisten, die sich lieber gleich etwas Sicheres suchen, als ihr Leben und ihre

Beziehungen auf Traumschlössern zu bauen. Überhaupt war Werner nicht mehr einer der dummen, jungen Naivlinge gewesen, sondern bereits etwas gesetzter. Und er hatte ebenfalls schon eine Ehe und Scheidung hinter sich und war damit ein ganzes Stück weit beziehungserfahrener als seine beiden Vorgänger. Am Anfang ihrer Ehe hatte Linda die Vorteile dieser Bedingungen genossen. Aber später dann war ihr aufgefallen, dass sie auch Nachteile nach sich zogen, die mehr und mehr in den Vordergrund traten. So hatte Werner viel Zeit in seiner Plattenfirma und mit seinen beiden fast erwachsenen Söhnen aus der ersten Ehe verbracht. Zeit, die der gemeinsamen Zeit mit Linda selbstverständlich nicht zur Verfügung gestanden hatte. Natürlich musste Werner Geld verdienen, Solidität und Sicherheit waren schließlich auch ihr wichtig gewesen. Doch was hatte sie davon, wenn sie ihren eigenen Mann kaum noch zu Gesicht bekam und höchstens an den Wochenenden mal mit ihm reden konnte, weil er ansonsten mehr mit seiner Firma verheiratet war als mit seiner Frau? Gut, Linda hatte dadurch mehr Zeit für Franzi gehabt. Das war aber auch das einzig wirklich Positive an dieser Ehe gewesen. Die Einsamkeit des gut gefütterten Vogels im goldenen Käfig hatte Linda nicht länger ertragen wollen und sich wieder von Werner getrennt.

Allerdings war es mit Werners Nachfolger Heiko dann auch nicht besser gelaufen. Ihr dritter Exmann hatte sie immer zu seinem zweiten Lieblingshobby – gleich nach der Jagd – in einen Golfclub etwas außerhalb von München mitgenommen. Dort hatte sie, ohne zu ahnen, dass später einmal mehr daraus werden würde, ihren vierten Ehemann Heiko May kennengelernt, einen der beiden Besitzer dieses Golfplatzes. Zugegeben, ein schmuckes Kerlchen! Als Linda den Mittvierziger mit dem gepflegten Schnauzbart über seinem strahlend weißen Lächeln zum ersten Mal gesehen hatte, war sie sofort von ihm beeindruckt gewesen. Aber ihrem Werner war Linda zunächst treu geblieben. Doch nach der Trennung von ihm war es für sie ganz praktisch gewesen, sofort den nächsten sicheren Ehehafen ansteuern zu können, ohne erst lange nach einem neuen Mann suchen zu müssen. Aber inzwischen hatte sich auch diese Geschichte als ein Flop herausgestellt, denn Heiko schien wie Werner seine Arbeit mehr zu lieben als seine Frau. Nachdem sich sein Kompagnon hatte auszahlen lassen und der Golfplatz nun alleine Heiko gehörte, verbrachte er mehr Zeit dort als mit seiner Frau. Linda arbeitete seit dem Weggang von Heikos Teilhaber mit in der Verwaltung des Golfplatzes, doch sogar bei der Arbeit hatten sie kaum noch Berührungspunkte. Lediglich in Sachen Sex hatte Linda ihre anderweitig beschäftigten Ehemänner nicht wirklich vermisst. Den Letzten genauso wenig wie seinen Vorgänger. Und auf die anderen beiden hätte sie im Bett ebenfalls verzichten können. Linda hatte auf der ganzen Linie Pech mit ihren Ehepartnern, aber auch nicht mehr Glück bei der erotischen Auswahl ihrer Männer gehabt. Ein Champion im Bett war bislang jedenfalls nicht darunter gewesen. Irgendwann hatte es ihr auch mit Heiko gereicht und nun lebten sie beide in Trennung und warteten auf den Scheidungstermin. Doch Linda war froh, wenigstens den Job im Golfclub zu haben. Er war nicht anspruchsvoll und meistens sogar fürchterlich langweilig. Aber wenn es nichts zu tun gab, konnte man auf jemanden vom Personal oder von der Kundschaft zurückgreifen und nett plaudern. Und nach der Scheidung von Heiko war Linda durch den Job auch erst einmal finanziell abgesichert.

Geistesabwesend murmelte sie vor sich hin: »Sobald ein Mann sein eigenes Unternehmen hat, kümmert er sich nur noch um Profitmaximierung – und um nichts anderes mehr. Da werden die Kerle wieder zu Kindern, und die Firmen und Golfplätze zu ihrem Spielzeug. – Aber Heiko habe ich nun hoffentlich auch bald hinter mir!« Lindas Gedanken landeten wieder sanft im Hier und Jetzt. »Und bei diesem Cappuccino scheint mir doch eine gute Mischung zusammenzukommen: zu jugendlich-dynamisch, um nur auf Familie und Firma aus zu sein, und seriöser und nicht so infantil unreif oder krank wie der Loser und die Flasche.«

»Mach dir mal vorab kein zu positives Bild von ihm, sonst wird es doch wieder nur eine Enttäuschung!« Franziska kannte ihre beste Freundin und ahnte daher, dass dieser Rat nicht viel nutzen würde. Und sie wusste, wann sie störte und den geordneten Rückzug antreten musste. Außerdem hatte sie auch noch eigene Termine auf dem Plan stehen. »Ich möchte dir deine amourösen Abenteuer aber nicht schon im Vorfeld mies machen oder dir dabei weiter im Wege stehen. Ich rufe dich an und erzähle dir dann ausführlich, wie es bei unserer Veranstaltung heute Nachmittag und in Sydney war. Mach's gut, Engelchen. Und viel Glück mit deiner Anmache – falls er noch da ist.«

»Ja, ist er. Ich danke dir!«

Franziska erhob sich und verabschiedete sich mit einer liebevollen Umarmung und ein paar Busserln von ihrer Freundin.

Nachdem sie gegangen war, blickte Linda sofort auffordernd zu dem Gast mit dem doppelten Cappuccino hinüber, der seinerseits befriedigt registrierte, dass seine Tischnachbarin wieder von ihrer Freundin alleingelassen wurde. Er stand auf und trat ein zweites Mal an ihren Tisch heran. Diesmal ungestört und ohne Unterbrechung. Der Kellner kam gerade mit Lindas Cappuccino aus dem Inneren des Cafés. Er atmete erleichtert auf und grinste.

• <> •

Die Altbauwohnung besaß nur drei Türen: eine zum Treppenhaus, eine zum Bad und eine in einen begehbaren Wandschrank. Küche, Arbeits-, Wohn- und Schlafzimmer waren durch den Eingangsflur offen miteinander verbunden. Im Durchgang zwischen Arbeitszimmer und Flur döste eine riesige graue, deutsche Dogge.

Die Massivholzmöbel im klassizistischen Stil sahen schon ein wenig abgewetzt aus, so als hätten sie bereits den Großeltern des jetzigen Eigentümers gehört. Die überquellende Regalwand im Arbeitszimmer enthielt neben jeder Menge Lektüre über Staatstheorie, Geschichte und Ökonomie auch alle Bücher der »Blauen Bände« von Marx und Engels. In den ersten siebenundsiebzig Seiten des dritten Bandes und in den gesamten Bänden dreiundzwanzig bis fünfundzwanzig steckten diverse Lesezeichen. An den Wänden hingen keine Bilder, sondern ein altes Filmplakat von Bernardo Bertoluccis »NoveCento« und neuere, aber auch schon nicht mehr ganz so druckfrische politische Poster, die das »Recht auf Stadt«, »No BNQ!« und »Kein IKEA im Frappant!« einforderten. Überall lagen kritische Zeitschriften und Bücher herum, vor allem mehrere Ausgaben der »Hamburger Alternativen Tageszeitung«. Der CD-Player spielte »Für immer Punk« von den Goldenen Zitronen. Und durch die gardinenlosen Fenster von Wohn- und Arbeitszimmer konnte man hinunter auf eine breite Wasserfläche, mit Verladekränen und Containerbrücken im Hintergrund, blicken.

Als es an der Tür klingelte, hob die Dogge träge ihren Kopf und im Bad ertönte die Klospülung. Kurz darauf erschien Bernhard im Flur. Er war nach wie vor übergewichtig, seine Löckchen hatten sich inzwischen aber schon etwas gelichtet und er trug Jeans, Turnschuhe und ein zerschlissenes T-Shirt mit der Aufschrift »legal–illegal–

scheißegal«. Über dem Schriftzug prangte ein kleiner, runder Anstecker mit weißen Buchstaben auf rotem Untergrund: »KOMM IN DIE GÄNGE«.

Vor der Eingangstür erwartete ihn der Postbote mit einem flachen Päckchen und sah ihn fragend an: »Sind Sie ›B.R.D.‹?«

Früher, in der Schule, hatte Bernhard sich von seinen Freunden aus gesellschaftskritischer Renitenz »B.R.D.« oder eine Zeit lang sogar »Be Punkt Er Punkt De Punkt« nennen lassen. Wenn sich schon der verhasste eigene Staat nicht gerne auf diese verkürzte Formel bringen und nur umständlich mit »Bundesrepublik Deutschland« betiteln lassen wollte, dann kam das einem Bernhard Rainer Daubner ganz recht. Und inzwischen hatte er dieses Kürzel sogar zu seinem Markenzeichen als Journalist und Kolumnist gemacht. Dass allerdings seine Mutter daraus den albernen Kosenamen »Pünktchen« abgeleitet hatte, war ihm weniger recht war gewesen! Und er hatte auch keinerlei Wert darauf gelegt, die »Kurzenhagener Morgenpost« zu übernehmen, nur weil er der älteste Sohn der Familie war. Wenn sein kleiner Bruder scharf darauf war, unbedingt den Familienbetrieb weiterzuführen, dann stand B.R.D. ihm nicht dabei im Wege. Er selber dagegen wollte frei schreiben können, und nicht das schreiben müssen, was ihm von anderen vorgeschrieben wurde. Und auf keinen Fall wollte er der schreibende Handlanger seiner Eltern sein und sich von ihnen dazu missbrauchen lassen, ihre erzkonservative Spießerideologie in die Welt zu tragen. Also war er als Kolumnist bei der Hamburger Alternativen Tageszeitung, kurz »HATZ« untergeschlüpft, wo er sich nun mehr oder weniger nach Belieben verbal austoben durfte.

»Ja. Bernhard Rainer Daubner«, entgegnete Bernhard dem Boten.

»Dann habe ich ein Päckchen als eigenhändiges Einschreiben für Sie.« Der Postbote übergab das Päckchen und
kassierte dafür Bernhards Unterschrift.

Bernhard sah das Päckchen nur kurz an, bevor er es in
Empfang nahm. Nachdem der Briefträger gegangen war,
schlurfte Bernhard an der Dogge vorbei ins Arbeitszimmer
und ließ sich lustlos auf seinen Stuhl fallen. Das Päckchen,
das seinen eigenen Absender trug, legte er ungelesen auf
den Schreibtisch neben sein Notebook. Eine Weile sto-
cherte er einfallslos auf der Tastatur herum, nahm dann das
Päckchen und verstaute es ungeöffnet auf seinem Regal in
einer Kiste, in der sich weitere ungeöffnete Päckchen befanden. Neben seinen journalistischen Tätigkeiten versuchte
Bernhard sich manchmal auch als Autor von Kurzgeschich-
ten. Bislang hatte noch kein Verlag auf seine Einreichungen
positiv reagiert. Aber dadurch ließ Bernhard sich nicht ent-
mutigen. Und man konnte ja nie wissen, wer einem alles die
wertvollen Ideen klauen wollte, also sicherte er sich lieber
mit solchen ungeöffneten Einschreiben seine Urheberrechte
ab. Wenn später mal jemand das geistige Eigentum Bernhard Rainer Daubners für sich beanspruchen wollte,
brauchte Bernhard nur seine Päckchen rauszuholen und
konnte mit deren Poststempel beweisen, dass er selber der
Urheber des Inhalts war. Die Sammlung seiner Päckchen
füllte inzwischen beinahe die Kiste und als nun auch die
neueste Urheberrechts-Absicherung sicher verstaut und aus
seinem Gesichtsfeld verschwunden war, wagte Bernhard
sich erneut an die Arbeit. Er saugte langsam und deutlich
hörbar die Luft durch die Nase ein, bis sich sein Brustkorb
hob. Dann fuhr er sich mit der Linken über den Rest seiner
Locken, stieß zusammensinkend die Luft wieder aus und
fing an, unzufrieden vor sich hin zu grummeln. – Wieso fiel

ihm heute nichts zu schreiben ein? Bei den ganzen Perversitäten der Politik flutschte ihm doch sonst immer der Text
aus den Fingern.

Die Dogge spürte B.R.D.s Unbehagen, stand gelangweilt
auf, reckte sich umständlich, kam herangetrottet und legte
ihrem Zweibeiner ihren riesigen Kopf in den Schoß.

Bernhard kraulte ihn geistesabwesend. »Na, Dicker?
Willst du mir helfen? – Braver Arafat!« In Gedanken versunken griff er zu seinem Kaffeebecher und bemerkte erst
im letzten Moment Arafats Speichel an seiner Hand. »Och,
Dicker! Jetzt hast du mich vollgesabbert.« Grummelnd
stand er auf und schlurfte ins Bad zurück, um sich die
Hände zu waschen.

• • <> • •

DIE MIMESE DER MIMOSE

In dem Schwabinger Straßencafé plauderte Linda angeregt mit ihrem »doppelten Cappuccino«. Genauer gesagt, redete er allein und sie hörte ihm scheinbar aufmerksam zu. In Wirklichkeit beschäftigte Linda nur eine einzige Frage: Was zum Teufel machte wohl ein Motivationstrainer? Aber sie wollte natürlich nicht als dumm erscheinen, daher wagte sie nicht, ihren Alleinunterhalter danach zu fragen. So redselig wie er war, würde er es ihr sicher von allein erzählen.

• <> •

»Mittagspause!« Alexandra klatschte dreimal in die Hände. Die Dreharbeiten für den Vormittag waren abgeschlossen.

Tom sah fragend in die Runde: »Leute, der Frühling ist endlich ausgebrochen. Wer kommt mit raus auf die Wiese?«

»Bloß nicht«, jammerte Dennis fast panisch, »da hängen nur wieder diese ganzen kreischenden Tussis am Zaun! – Ich geh in den Raucherraum.«

»Kreischende Tussis?« Dorothee sah Dennis entrüstet an. »Du redest von deinen Fans, Mensch! Geh mal ein wenig respektvoller mit denen um! Und was wärst du ohne deine Zaungäste?«

»Tja, dem Ruhm sein schmerzhafter Preis heißt denne wohl Belästigung!«, flötete Achim übertrieben weiblich und mit absichtlich falscher Grammatik.

»Ach Quatsch, von wegen Ruhm!« Tina klang genauso missmutig, wie sie am Morgen beim Schnippeln der Paprika ausgesehen hatte, tippte sich an die Stirn und wandte sich schnippisch an ihren Kollegen: »Tu bloß nicht so, Dennis! Du brauchst doch deine vielen weiblichen Fans für dein Ego, egal wie jung und unreif die noch sind. – Ich geh in die Kantine.«

Dorothee nahm Tinas Stichelei mit einem spöttischen Grinsen auf. »Na, du bist ja nur neidisch, dass du keine so große Fangemeinde hast wie Dennis.«

Tina wies mit ihrem ausgestreckten Arm in eine imaginäre Ferne und konterte umgehend: »Auf *die* oberflächliche Kinderkacke kann ich aber verzichten! Diese Hühner da draußen fahren nur auf ihn ab, weil er gut aussieht und einen sympathischen Part in der Serie hat.«

Achim wandte sich mit einer hochgezogenen Braue von Tina ab und klopfte dem Winehouse Double anerkennend auf die Schulter: »Hast völlig recht, Doro. Die trieft vor Neid. Die läuft schon über.«

»P!« Tina schnaubte nur kurz durch die Nase. Sie war sich zu schade für eine inhaltliche Entgegnung, drehte sich auf dem Absatz um und ließ die anderen stehen.

»Geht das jetzt wieder los? – Spart euch euer blödes Rumgezanke für eure Rollen auf!« Alexandra ging zwischen die Streithähne, während Tom stumm daneben stand. Er war froh darüber, dass seine Aufnahmeleiterin ihm in ihrem gemeinsamen Rollenspiel »guter Bulle, böser Bulle« immer den letzteren Part abnahm, denn sie konnte diese Rolle sehr viel überzeugender und glaubhafter spielen als er selber.

Meistens hatten sie am Set zwar eine angenehme Atmosphäre, doch gerade zwischen den beiden »Generationen« der Hauptdarsteller mit Dorothee und Achim als älteren und erfahreneren Crewmitgliedern auf der einen Seite und Dennis und Tina als den Youngstern auf der anderen, kam es schon mal zu Reibereien. In diesem Fall war der kurze Knatsch nun aber beendet und die Filmcrew von HUL verteilte sich nach und nach in alle Richtungen.

• <> •

Auf einer Wiese neben der Studiohalle machten es sich Tom, Dorothee, Achim und Emel bequem. Emel holte ein Pausenbrot mit Apfel aus ihrer Tasche, Dorothee zündete sich eine Zigarette an, Achim musste sich seine erst drehen und Tom legte sich mit geschlossenen Augen rücklings ins Gras. Im Hintergrund belagerten einige zehn bis vierzehnjährige Mädchen den schmalen Rasen vor dem Zaun, zogen aber enttäuscht ab, als Achim ihnen zurief, dass Dennis heute Mittag nicht herauskommen, sondern in der Studiohalle bleiben würde.

Als Emel aufgekaut hatte, wandte sie sich an Achim: »Woher haste eijentlich immer deine janzen Ideen für deinen Blödsinn?«

»Den guckt er sich bei seinen großen Vorbildern in H-Woo ab«, antwortete Dorothee an Achims Stelle, weil der gerade damit beschäftigt war, das Blättchen für seine Selbstgedrehte anzulecken.

Achim blickte von seiner Zigarette hoch und dozierte in einem übertrieben schwülstigen Tonfall seine Variation über den bekannten Spruch von Georges Clemenceau: »Amerika, das ist der Weg aus der Barbarei in die Dekadenz ohne den Umweg über die Kultur!«

Emel korrigierte ihn umgehend: »Sie hat nicht ›Amerika‹, sondern ›H-Woo‹ jesagt. Und ooch wenn Hollywood bei aller Dekadenz det eenzije ist, wat sie in Amerika können, aber det können sie richtich, det musste zujeben!«

»Ach, hör auf!« Achim zündete seine Zigarette an und machte eine Wegwerfbewegung. »Die sind auch nicht mehr das, was sie früher mal waren – nur weil sie mehr Knete haben als wir.«

»Aber die sind immer noch Spitze. – Und Nana darf jetzt bei denen mitmischen.« Dorothee klang ein wenig sehnsüchtig, als sie den Beitrag ihrer ehemaligen Schauspielkollegin zur US-amerikanischen Filmkultur erwähnte.

Emel stöhnte auf: »Ja, Nana. Schade, det se uns verlassen hat. Ohne ihr machtet keenen richtjen Spaß mehr!«

»Na, du hast doch noch Achim«, wandte Dorothee ein.

Achim verschluckte sich am Rauch seiner Zigarette und brach in einen ausgewachsenen Hustenanfall aus.

»Qualmen ist unjesund, det hab ick dir schon immer jesacht!« Emel klopfte ihm kräftig auf den Rücken.

Tom lag derweil still im Gras und ließ seine Gedanken schweifen. Die Neckerei seiner Kollegen verblasste nach und nach, bis er sie gar nicht mehr registrierte. Dorothee hatte ihm mit »Nana« das passende Stichwort gegeben, um der Realität des Arbeitsalltags für einen Moment zu entschlüpfen. Ihre ehemalige Kollegin Nana hatte sich durch ihre Schauspielerei bei HUL zuerst aus der Liga der jungen Fernsehserien-Schauspieler in die der Charakterdarstellerinnen hochgearbeitet und dann in kürzester Zeit auch auf internationalem Filmparkett Fuß gefasst. Inzwischen zählte sie sogar zu den seltenen Auserwählten, die manchmal als ausländische Schauspieler Engagements in hochkarätigen Hollywoodproduktionen bekamen. In Toms Gedanken formte sich das Bild von Nana Templin, einer leicht molligen Afro-Deutschen, Ende zwanzig und mit ausgefransten Kurzhaarlöckchen, die in einem hautengen, ärmellosen Minikleid und Jeansjacke zusammen mit der alten HUL-Filmcrew für einen Fotografen posierte. Tom erinnerte sich an diese Situation, als nach der zweiten Staffel Fotos für eins der vielen Begleithefte zur Serie erstellt wurden. Damals hatten Tina und Dennis noch nicht zur Crew gehört. Die beiden Youngsters waren erst vor wenigen Staffeln dazu gestoßen. – Ja, Nana fehlte ihm ebenfalls. Und wie!

Und noch ein Bild stieg in Toms Erinnerung hoch: Nana Templin, inzwischen einige Jahre älter, engumschlungen mit ihm unter dem Brandenburger Tor. – Ja, er vermisste Nana ebenfalls, aber zum Glück nur während der Arbeit. Privat war sie ihm – trotz ihrer Abstecher nach Hollywood – bislang treu geblieben. Allerdings hatte er sich dieses private Glück schwer erkämpfen und dafür hart an sich arbeiten müssen. Sehr hart sogar.

Dem Kurzenhagener Händel-Gymnasium war es zwar gelungen, aus Thomas Dinker-Thon einen erfolgreichen Schüler zu machen – mit sehr gutem Abschluss und entsprechenden Noten, besonders in dessen Leistungskursen Deutsch und Kunst und seinem Prüfungsfach Psychologie. Aber die Lehranstalt hatte damit auch jemanden von der schulischen Spielwiese ins wahre Leben und in die weite Welt entlassen, der als Mensch auf der ganzen Linie ein einziges großes Versagen verkörperte. Tom war unsicher, schüchtern, ängstlich und überempfindlich gewesen, hatte absolut kein Selbstvertrauen gehabt und konnte sich nicht durchsetzen. Und seine unmännliche Eunuchenstimme ohne Tiefen und Mittelregister war ihm sogar bis zum Abitur erhalten geblieben. Er hatte die personifizierte Jämmerlichkeit abgegeben: eine feige, männliche Heulsuse. Kein Wunder also, dass er wohl als einziger Schüler bis zum Abi noch Jungfrau geblieben war. – Welche Frau mochte schon solch einen Typen wie ihn?

Als Thomas Dinker-Thon vor fünfundzwanzig Jahren sein Abitur in der Tasche gehabt hatte und vor dem Studium stand, hatte er sich vorgenommen, genau daran etwas zu ändern. Als Erstes war ihm dafür wichtig gewesen, aus seinem alten Zuhause aus- und von allen Bekannten in und um Kurzenhagen so weit wie möglich wegzuziehen. Auch, um dadurch dem Einflussbereich seiner autoritären Eltern zu entkommen. Aber damit allein war natürlich noch nicht viel erreicht.

Tom Dithon entspannte sich ein wenig, als die Erinnerung an sein erstes Semester in ihm hochstieg: Seine ersten Wochen weit weg von zu Hause. Seine erste Zeit in Freiheit. Als er in Berlin zu studieren begann, nutzte er seine Freizeit und den Freiraum in seiner kleinen Studentenbutze, um sich aktiv auf das Leben draußen, mit den Menschen vorzubereiten. Besser als es ihm noch zu Hause unter der Kontrolle seiner übermächtigen Eltern möglich gewesen war. Tom hatte sich damals ein Buch über Körpersprache gekauft. Jeden Abend, wenn er mit seiner Arbeit fürs Studium fertig war, postierte er sich damit vor einem ebenfalls extra für diesen Zweck preisgünstig auf einem Flohmarkt erstandenen, großen Wandspiegel und übte alle möglichen Posen. Im Sitzen, im Stehen, im Gehen, zusammengesackt und in aufrechter Körperhaltung, angespannt oder gelöst. Während des gesamten ersten Semesters trainierte er vor seinem Wandspiegel defensive und offensive, vor allem aber eine aufrechte Körperhaltung. Er wollte auf keinen Fall mehr so vornübergebeugt und mit hängenden Schultern und diesem hässlichen Rundrücken herumlaufen wie bisher.

Nachdem diese permanenten Übungen ihre erste Wirkung zeigten und Tom seine neue Körperhaltung auch in der Öffentlichkeit immer zielgerichteter einsetzte, machte er sich im zweiten Semester daran, seine Gestik zu bearbeiten. Genaueste Körperbeherrschung war das Schlagwort dieser Lektion. Hierbei kam Tom ebenfalls sein großer Wandspiegel zugute: Während er tagsüber Theaterwissenschaften und Dramaturgie paukte, übte er jeden Abend die kontrollierte Anwendung der von ihm erwünschten Gesten – und das kontrollierte Vermeiden der unerwünschten. Und im dritten Semester nahm er sich dann die Feinheiten seiner Mimik vor und zog allabendlich Grimassen vor seinem Wandspiegel.

Tom wusste, dass er nach diesen Heimstudien der ersten drei Semester noch ganz weit weg davon war, endlich »marktfähig« zu werden. Sowohl für den Arbeitsmarkt, als auch für den anderen, auf dem es galt, Leute wie Linda Engel zu beeindrucken. Wenigstens fühlte er sich nun langsam bereit dafür, nicht nur zum universitären Lernen unter Menschen zu gehen, sondern auch um seine privaten Studien über seine Selbstpräsentation gemeinsam mit anderen fortzuführen. Im vierten Semester belegte Tom also in der Volkshochschule einen Abendkurs für Stimmbildung und Artikulation. Er wollte unbedingt sein schwächliches, dünnes Fistelstimmchen loswerden. Und mit seinem Unterricht hatte Tom gleich doppeltes Glück, denn der Kurs war mit nur zehn Teilnehmern angenehm klein und hatte obendrein eine nette und sehr verständnisvolle Kursleiterin. Tom hatte zwar sogar in diesem kleinen, kuscheligen Kreise starke Hemmungen, sich öffentlich zu präsentieren. Doch Immerhin traute er es sich hier überhaupt, sich von den anderen und der Leiterin beobachten, kritisieren und verbessern zu lassen. Zuerst versuchte er auch noch vergeblich, mit seiner piepsigen Stimme tiefer, fester, härter und männlicher zu klingen, bis es ihm im Laufe des Kurses immer besser gelang, seine Zwerchfellstütze bewusst zu aktivieren und somit die elastische Verbindung zwischen Kopf- und Brustlage im Mittelregister aufzubauen. Und nach dieser intensiven Beschäftigung damit, wie er aussah und sich anhörte, beschloss Tom im fünften Semester etwas für seine kommunikativen Qualitäten zu tun und besuchte in der Volkshochschule einen Kurs in Rhetorik.

Tom wurde abrupt von seiner imaginären Reise und aus der Vergangenheit in die Realität der Gegenwart zurückgeholt, als der Kameramann, sein Assistent, der MAZ-Techniker und Alexandra nachkamen und sich mit auf die Wiese setzten.

»E-e-e-ndlich Frühling nach diesem scheiß Dauereis«, frohlockte der Kameramann.

»Na, dann warte mal ab, wie das erst wird, wenn der Golfstrom endgültig seinen Geist aufgibt! Schwächeln tut er jedenfalls jetzt schon«, unkte Achim.

Emel ignorierte Achims pessimistische Aussichten auf den Klimawandel und wandte sich an den Kameramann: »Ja, ja! Hat der olle Mörike ooch schon jesacht: Lenz is' da – dir hab ick vernommen.«

• <> •

Bernhard saß mit frisch gewaschenen Händen am Schreibtisch und Arafat hatte den großen Kopf auf den Füßen seines Zweibeiners abgelegt. Der engagierte Journalist raufte sich die spärlich gewordenen Locken, weil ihm immer noch nichts zu Schreiben einfiel. Wenn er über ein selbstgewähltes Thema schrieb, dann hatte er keine Probleme, sich zu formulieren. Aber was zum Teufel sollte er sich denn auch zu einem von der Redaktion vorgegebenen Artikel mit dem Titel »Inwertsetzung von Naturressourcen durch Genpatente« aus dem Hirn drehen!

Arafat versuchte, den verzweifelten Journalisten in seiner misslichen Lage durch körperliche Zuwendung aufzumuntern. Die Dogge rieb mit ihrem Kinn über B.R.D.s Fußrücken und blickte verständnisvoll zu ihm auf. *Wenn er ein faszinierenderes Thema hätte, fiele es ihm leichter, seinen Artikel zu formulieren,* dachte die Dogge. Arafat wusste, dass sein Zweibeiner zu journalistischer Hochform auflaufen konnte, sobald ihn ein Thema emotional ergriff. Zum Beispiel, wenn er etwas über Diskriminierungen und Misshandlungen schrieb, die von rassistischen oder autoritären Staatsorganen an kritischen Zweibeinern, Mitgliedern kultureller Minderheiten und sozial Schwachen verübt wurden.

Arafat erinnerte sich noch gut an einen engagierten Artikel über die brutale Verhaftung zweier Afrikaner. Damals hatten mehrere Polizisten die beiden Männer unter massiver Gewaltanwendung festgenommen, obwohl diese ihnen keinerlei Veranlassung zur Festnahme und erst recht nicht zur Anwendung von Gewalt gegeben hatten. Und anschließend auf der Wache waren die beiden Festgenommenen – ebenfalls grundlos – von den Polizisten krankenhausreif geprügelt worden. B.R.D. war zwar selber nicht dabei gewesen, hatte für seinen Artikel aber glücklicherweise Augenzeugenberichte unbeteiligter und damit neutraler Dritter verwerten können.

B.R.D. war auch ein hervorragender Artikel über eine wilde Prügelei auf einer Straße mit dem seltsamen Namen »Schulterblatt« gelungen. Dort war es vor einem bunt besprühten Gebäude namens »Rote Flora« zu einer heftigen Auseinandersetzung zwischen Polizisten und überwiegend jugendlichen Demonstranten gekommen, bei der die Polizei äußerst brutal mit Wasserwerfern in das Geschehen eingegriffen hatte, obwohl für solch eine Eskalation gar kein Grund ersichtlich gewesen war. B.R.D. und die Dogge waren seinerzeit persönlich vor Ort gewesen und Arafat hatte seinen Zweibeiner nur mit Mühe und Not daran hindern können, sich selber körperlich an dieser Gewaltorgie zu beteiligen. Der impulsive Journalist musste immer mal wieder daran erinnert werden, dass er eben nicht selber mitmischen, sondern nur dokumentieren und kommentieren sollte. Schließlich war seine Waffe das Wort und nicht die Faust.

Arafat erinnerte sich ebenfalls an B.R.D.s superben Artikel über das »Gefahrengebiet«, zu dem die Hamburger Polizei die Stadtviertel rund um die »Rote Flora« und die drei sie umgebenden Polizeiwachen erklärt hatte. Für alle in dieser Zone lebenden und sie durchquerenden Mitbürger hatte zeitweilig die Vorstufe eines Ausnahmezustandes gegolten, wie man es sonst nur von diktatorischen Staaten wie Ägypten oder der Ukraine kannte – aber doch nicht von einem modernen Land wie Deutschland! In seiner Kritik war es dem Journalisten gelungen, diese völlig überzogene und eines demokratischen Staates unwürdige Maßnahme als die eines autoritären Polizeistaats zu enttarnen. Aber B.R.D hatte es seinen Lesern überlassen, ob sie die Ausrufung der »Gefahrenzone« als »diktatorischen Peitschenhieb« oder als »bis zur Irrationalität verdummten Schildbürgerstreich« beurteilen sollten.

Mit diesen Artikeln über Misshandlungen von Ausländern, die Kriminalisierung kritischer Jugendlicher und die Entrechtung *aller* Mitbürger in paranoider Putativ-Prävention – die Bevölkerung könnte ja potentiell für den Staat schädlich sein, zumindest solange Letzterer nichts weiter war als die gesetzgebende Interessenvertretung der Großindustrie – hatte B.R.D. bereits die Qualität seiner bisherigen Beiträge getoppt. Aber mit einem brillanten Artikel über die Suspendierung einer unliebsamen, weil kritischen und couragierten, Mitarbeiterin eines Hamburger Job-Centers war ihm seine absolute journalistische Meisterleistung gelungen.

Arafats Zweibeiner war zwar selber zum Glück noch nie in die Situation gekommen, Arbeitslosengeld oder »Hartz IV« beantragen zu müssen. Nach ersten erfolglosen Versuchen als Schauspieler hatte er Germanistik und Publizistik studiert und dann übergangslos als Journalist zu arbeiten begonnen. Aber B.R.D. kannte genügend Journalisten und Autoren, die immer wieder mal oder sogar ständig arbeitslos waren und ihm über ihre Erlebnisse berichteten, sodass ihm auch ohne eigene persönliche Erfahrung reichlich Material für seine Artikel und Kolumnen zum Thema »Arbeitslo-sigkeit« oder »Hartz IV« zur Verfügung stand und er sich zusätzliche Recherchen dazu meistens ersparen konnte, wie auch bei diesem Beitrag.

Arafat musste B.R.D.s Meinung darin zustimmen. Auch für die Dogge war es schon mal grundsätzlich nicht ver-ständlich, wie sich überhaupt jemand anmaßen konnte, anderen gegenüber Einschränkungen in deren Selbstbe-stimmtheit aufzuerlegen, zum Beispiel bei der Auswahl der Arbeit. Oder auch, warum sich die anderen diese Bevor-mundung gefallen lassen sollten. Und vor allem, weshalb in den Vorgaben der »Bundesagentur für Arbeit« solche Ein-schränkungen für die arbeitslosen Zweibeiner vorgesehen waren, also wieso ausgerechnet schon benachteiligte Zwei-beiner von solcher Entrechtung betroffen sein sollten. Wie konnte man denn jemanden, der bereits mit Nachteilen belastet war, mit noch mehr Nachteilen belasten? Das widersprach doch allen Naturgesetzen der Balance und gesunden Systemausgeglichenheit. Und damit widersprach es jeglicher Vernunft und Logik. – Und darüber hinaus auch den sozialen Gleichheitswerten und Glaubensprinzipien der Zweibeiner.

Arafat fand, dass B.R.D. dieses unsoziale und unchrist-liche Verhalten gegenüber finanziell Abhängigen bereits in früheren Artikeln treffenderweise als genau das angepran-gert hatte, was es war: staatlich organisierte Nötigung. Miss-achtung und Entrechtung als erster Schritt in den Miss-brauch und in die Prostitution. Dass man aber über die Arbeitslosen, die sich nicht bevormunden oder nötigen ließen, auch noch finanzielle Sanktionen verhängte, durch die ihnen sogar die Wahrnehmung einiger ihrer Grund-rechte verunmöglicht wurde, war natürlich erst recht nicht akzeptabel. Diese Sanktionspraxis ignorierte jegliche sozio-logischen, psychologischen und pädagogischen Erkenntnisse der letzten über sechzig Jahre und entsprach damit einem völlig überkommenen Weltbild aus der ersten Hälfte des letzten Jahrhunderts. Die hierfür Verantwortlichen, also die Gesetzgeber, mussten sich folglich auch die Frage gefallen lassen, ob sie mit diesen altertümlichen Methoden aufwarteten, weil sie das letzte Jahrhundert wissenschaftlicher Erkenntnis verschlafen hatten und nun einfach nur strunzverblödet waren, oder ob diese Sanktionspraxis zu einer bewussten und komplexen politischen Strategie gehörte.

Arafat durchfuhr ein prickelnder Adrenalinschauer, weil er sich lebhaft daran erinnerte, wie B.R.D. freudestrahlend durch die Wohnung gehüpft war, nachdem er den Begriff »strunzverblödet« in seine Tastatur getippt hatte. Aber die Dogge konzentrierte sich sofort wieder auf den Inhalt des Artikels ihres Zweibeiners. Ob nun aus Blödheit oder mit Absicht, die Sanktionspraxis der Arbeitsämter und Job-Center missachtete jedenfalls nicht nur allgemein akzeptierte und gültige Rechtsprinzipien und die Grundrechte der betroffenen Arbeitslosen, sondern sie verstieß damit sogar gegen die eigene Verfassung. Sie war also schlicht und ergreifend als kriminell zu bezeichnen.

Eine spontane Assoziation zu dieser Sanktionspraxis war B.R.D. seinerzeit als passende Metapher für seinen Artikel gerade recht gekommen. Arafats Zweibeiner hatte sich an ein aufsehenerregendes Experiment erinnert, in dem es dem US-amerikanischen Psychologen Stanley Milgram gelungen war, nachzuweisen, dass sich die meisten Zweibeiner durch Autoritäten oder autoritäre Strukturen dazu verleiten ließen, in der Position von »Lehrern« andere Zweibeiner in der Position von »Schülern« zu misshandeln und sogar zu foltern. Und in Anlehnung an dieses Experiment hatte B.R.D. seinen gloriosen Artikel zu diesem Thema mit »Hartz IV Sanktionen – Die moderne Umsetzung des Milgram Experiments« betitelt. Allerdings waren im Gegensatz zu den im Experiment von Schauspielern dargestellten und nur dem Schein nach »misshandelten Schülern« die arbeitslosen Zweibeiner in den Job-Centern echt. Und in der Wirklichkeit gab es als Pendant zu den im Experiment nur vorgetäuschten Elektroschocks ganz reale Sanktionen – in denen es nicht nur um das Zufügen von Schmerzen, sondern immerhin um den Entzug der Existenzgrundlage ging.

Zu seiner Schulzeit hätte B.R.D. die offiziell als Arbeits-»Vermittler« benannten staatlich beauftragten Sanktionierer in den Job-Centern noch als »verdummte Handlanger«, »hirnlos funktionierende Marionetten«, »moderne Henker« und »präfaschistoide Inquisitoren eines immer dekadenter werdenden Kapitalismus« bezeichnet. Inzwischen war Arafats Zweibeiner aber durch die Schule der Lebenserfahrungen gegangen, gesetzter und nachdenklicher geworden und zu einem erwachsenen und kritischen Journalisten herangereift. Entsprechend milder und umsichtiger war auch seine Bewertung der Situation in den Job-Centern ausgefallen. In seinem Artikel hatte er die Sanktionspraxis des »realen Milgram-Experiments« nicht nur als veraltete und kriminelle »Erziehungsmethode« entlarvt, sondern auch als eins der Mittel im »verzweifelten Versuch einer ökonomisch, sozial und bildungsmäßig immer weiter auseinanderdriftenden Gesellschaft, den – durch eine ungesunde Umverteilung von unten nach oben verursachten – Mangel an gesunder Balance und Systemstabilität durch eine restriktive und repressive Politik zu ersetzen«.

Arafat hatte zwar genauso wenig Physik studiert wie B.R.D., doch selbst dem Hund war klar, dass ein Körper oder ein System mit der Masseverteilung eines Kegels grundsätzlich nicht auf seiner Spitze stehen konnte ohne umzukippen. Und die Dogge musste ihrem journalistischen Zweibeiner auch im Resümee seines Artikels recht geben.

In diesem System der sozialen Ungleichheit wurden die Sachbearbeiter in den Job-Centern – als Lohn-Abhängige – von ihrem Vorgesetzten, dem Staat, dazu missbraucht, selbstbewusste und wehrhafte Zweibeiner durch Missachtung in Selbstmissachtung zu treiben, durch Entrechtung in Abhängigkeit und durch disziplinierende Sanktionen in blinden Gehorsam, um dadurch ihre Ausbeutbarkeit zu gewährleisten. Die einen Abhängigen wurden gegen die anderen Abhängigen ausgespielt.

Die Dogge kniff die Augen zusammen. Diese Zweibeiner taten manchmal seltsame Dinge! Aber sogar ihnen selber war ihre Anmaßung, andere bevormunden und entrechten zu wollen, wohl nicht geheuer, denn sonst hätten sie keine Gesetze gegen solche nötigenden Umtriebe geschaffen. – Aber warum hielten sie sich dann nicht an dieses, ihr eigenes Recht?

Umso wichtiger war es auf jeden Fall, dass es Zweibeiner wie B.R.D. oder diese Sachbearbeiterin in dem Hamburger Job-Center gab, die auf solche Widersprüche hinwiesen und andere darauf aufmerksam machten. Aber wenn jemand, weil er solche Missstände anprangerte, selber – mit Suspendierung von der Arbeit – sanktioniert wurde, dann konnte man das nur noch als autoritäre und totalitäre Maßnahme werten. Als Mittel einer längst überkommenen und völlig inakzeptablen Regierungsform: einer Diktatur. Mit demokratischen, freiheitlichen und die Rechte der Zweibeiner achtenden Prinzipien hatte das jedenfalls absolut nichts mehr zu tun.

Arafat wusste, was Sache war, denn B.R.D. rief sich gerne aus dem Internet die Texte anderer kritischer und ungebeugter Denker auf den Bildschirm seines Notebooks, bevor er sich auf das Klo oder in die Küche verzog, weil er mal wieder eine Denkpause brauchte. – Was ziemlich häufig vorkam, häufiger jedenfalls, als dass er sich diese Beiträge dann auch durchlas. Arafat hatte dadurch aber die Möglichkeit, sich die Artikel in aller Ruhe zu Gemüte zu führen, sodass er umso informierter und mit den verschiedensten aktuellen Diskussionen über Gaia-Theorie, Gentrifizierung oder Gini-Koeffizienten bestens vertraut war. Und Arafat hatte begriffen, dass ein System, dessen Gini-Koeffizient stark gegen 1 strebte, dessen einseitig ausgerichtete Ungleichverteilung des Einkommens von unten nach oben also nicht einmal mehr die Form eines Kegels, sondern schon eher die eines magersüchtigen Trichters besaß, auch mit der äußerst ungesunden Dynamik der Sucht einherging. Denn eine solche sich selber bestärkende Spirale aus Geringschätzung, Missachtung, Entrechtung, Verachtung, Missbrauch und Ausbeutung zog natürlich nach sich, dass die Leute depressiver und aggressiver wurden und begannen, um sich zu schlagen. Dies führte auf der anderen Seite der Spirale wiederum zu mehr Überwachung und Kontrolle, die zusätzlich zur bereits vorhandenen Depressivität auch noch Paranoia hervorrief. Und es führte ebenfalls zu weiteren repressiven Maßnahmen, um der Aggressivität zu begegnen und um damit das aus der Balance geratene System künstlich zu stabilisieren. Und spätestens an diesem Punkt entwickelte dieser Eskalationssog die zerstörerische Eigendynamik eines Tornados, die von außen kaum noch zu stoppen war. Denn an dieser Stelle kamen Autorität und Gewalt als Mittel zum Erhalt des maroden Systems genauso ins Spiel wie ein verfassungsfeindliches und kriminelles Verhalten der Regierung gegenüber ihren Bürgern. – Der Tornado entwickelte sich zu einem schwarzen Loch, das mitsamt dem materiellen gesellschaftlichen Reichtum auch jedes Mitgefühl und jedes christliche und soziale Denken verschluckte und in sich vernichtete!

Arafat seufzte auf: Diese Zweibeiner waren mehr als nur merkwürdig! Einerseits produzierten sie solche klugen Analysen, wie die aus dem Internet, andererseits waren sie unlogisch, irrational und selbstzerstörerisch! Genauso wie B.R.D. leider nicht bei jedem Artikel solche geistigen Höhenflüge gelangen, wie zu der Geschichte um die Hartz-IV-Sanktionen. Aber er durfte wirklich jedes Mal wieder stolz auf die Produkte seiner journalistischen Bestform sein, sobald er sich über Missachtung und die Ungerechtigkeiten der Starken gegenüber den Schwachen empören konnte. Doch so ein abstraktes Thema wie die »Inwertsetzung von Naturressourcen durch Genpatente« entfachte einfach nicht genügend Leidenschaft in dem kritischen Journalisten.

Der Klang der großen weiten Welt, das dreimalige tiefe Tuten eines auf der Elbe wendenden Ozeanriesen drang an Arafats Ohr und riss ihn aus seinen Gedanken über die Dummheit der Zweibeiner und aus Erinnerungen an wundervoll gelungene Zeitungsartikel und holte ihn wieder in die einfallslose Realität der kleinen Altbauwohnung zurück. Aber Arafat landete gedanklich doch noch einmal mit Stanley Milgram bei der Unlogik auf den Arbeitsämtern: So etwas passierte alles unter Zweibeinern? Wie schon gesagt: nicht einmal ein Hund käme auf die Idee, einen anderen zu missachten oder zu missbrauchen. – Gut, als Hund hatte man andere Mittel und Methoden, um die eigenen Interessen durchzusetzen. Man zeigte seine kräftigsten Muskeln und die langen Reißzähne und ließ ein ordentlich tiefes Knurren ertönen. – Aber als Hund hatte man auch nicht den Anspruch, logisch, intelligent, sozial, christlich und zivilisiert zu sein oder eine hochentwickelte Kultur zu besitzen. Zweibeiner dagegen besaßen diesen Anspruch. Dabei war das Einzige, was sie wirklich kultiviert hatten, ihre ausgefeilten Strategien und Methoden der gegenseitigen Missachtung. Und darauf waren sie hoffentlich nicht auch noch stolz!

Die spinnen, diese Zweibeiner, dachte Arafat. Er schüttelte missbilligend seinen Kopf und versuchte wieder zu dösen. Wenn Arafat B.R.D.s Artikel hätte schreiben müssen, dann wäre ihm schon etwas Passendes zu diesen bescheuerten Genpatenten eingefallen!

Tom sah kurz hoch, grinste über Emels berlinerische Interpretation des Frühlingsgedichtes von Mörike, schloss seine Augen, entspannte sich wieder und ließ die Erinnerung an seine »doppelte Studienzeit« weiter Revue passieren. Nach dem fürchterlichen Albtraum vom Morgen erschien es ihm als sinnvolle psychische Regenerationsmaßnahme, seine Metamorphose von damals in Gedanken noch einmal zu durchlaufen.

Nach dem Rhetorikkurs im fünften, setzte er seine Selbstbearbeitung im sechsten Semester mit einem Volkshochschulkurs in positivem Denken fort, denn ihm war bewusst geworden, dass er in diesem Punkt ein nicht ganz unerhebliches Defizit aufwies. Im abschließenden Kurs in Durchsetzungsvermögen während des siebten Semesters lernte Tom glücklicherweise eine Kursteilnehmerin kennen, die Visagistin war und ihm zusätzlich und gratis einige Tipps zu seinem Outfit geben konnte. Seine völlig »unhippen« Bundfaltenhosen und Pullunder landeten damals endgültig in der Altkleidersammlung und er selber – nach einem weniger passenden Versuch mit Anzug und Schlips: zu konservativ, steif, unmodern, unsportlich und zu wenig dynamisch – bei seinem neuen Look aus Jeans, T-Shirt und

Lederweste. Eigentlich gab Tom sein Geld nicht gerne für Oberflächliches und Äußerlichkeiten aus. Aber die Kosten für diese Kurse und auch für das neue Outfit wertete er als sinnvolle Investition in eine glücklichere Zukunft. Vor allem natürlich, was seine Wirkung auf Frauen betraf. Nie wieder sollte jemand »von oben« auf ihn herabsehen, oder ihn wie einen dummen, kleinen Jungen behandeln. Also bleichte er sich seitdem auch regelmäßig seine braunen Haare weiß, um reifer und weiser zu wirken, und ließ seinen albernen, wirklich selten blöde klingenden Doppelnamen offiziell ändern.

Und so war der elende Hanswurst Thomas Dinker-Thon aus Hannover-Kurzenhagen in diesen sieben Semestern zu dem ernst zu nehmenden Regisseur und durchaus attraktiven Mann Tom Dithon in Berlin herangereift. Zwar nur zum Regisseur einer alles andere als anspruchsvollen, aber wenigstens erfolgreichen TV-Soap, die zur Prime-Time lief. Und nach einem nur kurzen und auch ziemlich erfolglosen ersten Beziehungsversuch mit Diethilde, einer Maskenbildnerin von »Hass und Liebe«, die ähnlich schüchtern gewesen war, wie er selber früher, hatte sich Tom während der Dreharbeiten zur zweiten Staffel in Nana Templin verliebt, eine der beiden damaligen Hauptdarstellerinnen, die ihm seitdem nicht mehr von seiner Seite gewichen war.

Plötzlich holte Emel Tom aus seinen Erinnerungen in die Gegenwart zurück: »Nun kiek dir mal unsern Boss an: Isser nicht nüdelich mit seinem Jänseblümken. – Ick wette, det er jrade von Nana träumt.« Einige der HUL-Mitglieder genossen im Gras dösend die ersten Sonnenstrahlen des Frühlings. Die anderen saßen rauchend daneben. Emel bastelte einen Kranz aus Gänseblümchen und warf immer mal wieder eins zu Achim rüber. Eine der Blüten war – von ihm selber unbemerkt – in Toms Haaren hängen geblieben.

»Nee, Nana hat er doch schon.« Achim kicherte leise. »Das Einzige wovon der noch träumt, ist eine Karriere als Indi-Lelli-Regisseur.«

»Als intellektueller Indiana Jones?« Der Kameramann klang verwirrt und sah Achim verständnislos an.

»Nee, als een Indi-*Pendent*-Lelli«, versuchte Emel Achims Kurzformulierung zu erklären.

»He?« Der Kameramann war jetzt noch verwirrter als vorher und blickte fragend zu Emel hinüber.

»Als ein von Produzentengeldern *unabhängiger* Autorenfilmer«, erläuterte Achim seine eigene Aussage. »Als Regisseur anspruchsvoller, intellektueller Arthouse-Produktionen.«

Emel warf einen übertrieben dankbaren Blick in den Himmel: »Na wie jut, dette dir auch richtich formulieren kannst!«

Alexandra sah auf ihre Uhr. »Leute, wir müssen langsam wieder rein! Die Heiligen Hallen von HUL rufen uns.«

Die Crew rappelte sich hoch und schlenderte zum Studio zurück. Tom bemerkte nicht zum ersten Mal, aber diesmal, ohne sein diffuses Gefühl darüber wieder verdrängen und vor seinem Bewusstsein verbergen zu können, dass seine Aufnahmeleiterin der eigentliche Boss in dieser Crew war und nicht er, der Regisseur. Durchsetzungsvermögen mochte er in seinem siebten Studiensemester erlernt haben, doch er hatte nach wie vor keinerlei Bedürfnis, über andere zu bestimmen oder sie zu dominieren. Zumindest nicht im Rahmen der Produktion von HUL. Denn Tom liebte die angenehm familiäre und, solange kein Zickenkrieg angesagt war, friedliche Atmosphäre an seinem Set. Er überlegte kurz. Vielleicht, ja möglicherweise wäre das tatsächlich anders, wenn er an einem eigenen Projekt arbeiten würde. Achim hatte mit seiner Bemerkung nicht ganz Unrecht gehabt. Tom kribbelte es schon länger in den Fingern, mal etwas anderes zu produzieren als dramaturgisch immer wieder nur das Gleiche wie in solch einer Serie. Schließlich aß er auch nicht seit fünfzehn Jahren das gleiche Mittagessen, nur unterschiedlich garniert. Ganz abgesehen davon, dass er nach seinem Studium als angehender Dramaturg alles andere als die Arbeit eines Regisseurs in einer Fernsehproduktion angestrebt hatte und eher zufällig an diesen Job geraten war.

Zu Hause hatte Tom mehrere fast fertige eigene Drehbücher sowohl für Kinofilme als auch für Theaterstücke liegen. Nein, eigentlich waren sie schon fertig, aber wenn er sich mit etwas zeitlichem und inhaltlichem Abstand die Skripte durchlas, fand er jedes Mal wieder eine Menge daran zu verbessern. Wenn Nana zu einer ihrer Filmproduktionen außerhalb von Berlin unterwegs war und er selber »HUL-frei« hatte und seine Freizeit nicht mit den Kollegen im »Roten Kater«, ihrer Lieblingskneipe in der Nähe des Studiogeländes, verbrachte, arbeitete Tom an einem dieser Skripte. Und da ging es nicht um fröhliche Wohngemeinschaften, harmlosen Zickenkrieg oder oberflächliche Pseudoprobleme, sondern um die krankhaften, bösen und widerlichen Abgründe der menschlichen Seele. Seine fiktiven Charaktere ließ Tom alles erleiden, was selbst ihm mit seiner über die Maßen autoritären Erziehung zum Glück erspart geblieben war, und er ließ sie Dinge tun, zu denen er selber niemals fähig gewesen wäre. Und natürlich wollte er seine Geschichten auch in einem Film oder Theaterstück realisieren und andere Menschen an ihnen teilhaben lassen. Und diese Arbeit, zumal es seine eigenen Projekte waren, würde er als Regisseur vielleicht völlig anders angehen: mit mehr Motivation und entsprechend engagierter und energischer? – Aber daran wollte und konnte er im Moment nicht denken, denn die Realität der Serienproduktion von HUL holte ihn gerade wieder ein.

Linda und der Motivationstrainer saßen immer noch plaudernd in ihrem Straßencafé. Der gutaussehende Mann hatte übrigens auch einen hübsch klingenden Namen: Henning. Bei ihrem Gespräch hatte er den offensichtlich anstrengenderen Job, da er die ganze Zeit reden musste, während Linda nur freundlich lächelnd zuhörte, sich verführerisch über die Lippen leckte und so tat, als wäre sie am Inhalt seiner Ausführungen interessiert. Sie war sich jetzt sicher, dass Henning angebissen hatte. Zumal sie in dem Kellner eine Art »Verbündeten« gefunden hatte, der ihr hinter dem Rücken ihrer neuesten Eroberung seinen Daumen lobend hochhielt. Und ja, genau, in diesem Moment kam das Ende der dreifachen Cappuccino-Sitzung, denn Henning musste zu einem Termin. Er und Linda verabschiedeten sich freundlich voneinander, aber eben nicht, ohne sich vorher für den Abend verabredet zu haben. Und Henning zahlte sogar Lindas Cappuccino. Das war noch ein echter Gentleman der alten Sorte – und dabei so jung-dynamisch. Linda schwebte auf rosa Wolken, als sie wieder nach Hause ging.

Bernhard kam gerade mit einer Tüte Chips in der Hand aus der Küche und wollte an seinen Schreibtisch zurück, als das Telefon klingelte. Er griff es von seiner Station und ließ sich damit im Arbeitszimmer in einen Sessel fallen, der dabei bedenklich ächzte. »Be-Er-De?«

Arafat trottete hinter ihm her, legte sich entspannt zu seinen Füßen ab und versuchte ihn mit einem aufmunternden Blick in die Augen zu beruhigen. *Natürlich ist er nicht dick, sondern stattlich,* dachte die Dogge. *Und Sitzgelegenheiten sollten so konstruiert sein, dass sie die Bewegungsenergie träger und stattlicher Massen abrupt abstoppen können, ohne dabei gleich so wehleidig aufzuschreien!*

Bernhard achtete nicht auf Arafat, denn das Telefonat beschlagnahmte seine volle Aufmerksamkeit. Arafat wiederum achtete nicht auf B.R.D. und dessen Telefonat. Der Zweibeiner machte einen entspannten Eindruck. Arafat brauchte sich also nicht um ihn zu kümmern, sondern konnte seinen eigenen Gedanken nachhängen.

Eigentlich war nicht B.R.D. Arafats zweibeiniges Alphatier, sondern Bernhards derzeitiges Weibchen Rike. Und Arafats Vorgänger hatte »Gandhi« geheißen. Leider war Gandhi bei der Jagd auf einen winzigen Pekinesen einem riesigen Jaguar zum Opfer gefallen. Arafat sah in Gedanken eine wunderschöne weiße Dogge hinter einem kleinen Pekinesen herrennen. Erst über den Bürgersteig und danach auf die Straße. Arafat kniff ganz schnell seine Lider zusammen, als könnte er damit die Bilder ausschalten, die vor seinem geistigen Auge heraufstiegen. Und er hörte die quietschenden Autobremsen und den dumpfen Aufprall. Langsam öffnete Arafat wieder seine Augen und entspannte sich, schließlich hatte er es Gandhis dramatischem Ableben zu verdanken, dass er selber nun dessen relativ gemächliches Dasein in dieser kleinen Altbauwohnung in Hamburg genießen durfte. – Oder fristen musste?

Um Rike über den Verlust von Gandhi hinwegzutrösten, hatte B.R.D. ihr ein paar Tage nach dessen abruptem Dahinscheiden einen grauen Doggen-Welpen in die Arme gedrückt. Und ob es nun Mutterinstinkt gewesen war oder was sonst auch immer, es hatte jedenfalls gewirkt. Rike war der Welpe sofort ans Herz gewachsen, sodass sich der Schmerz über Gandhis Verlust in Grenzen gehalten hatte und vor allem ungewöhnlich schnell wieder abgeklungen war.

Nur mit der Namensgebung des kleinen Welpen war das so eine Sache gewesen: B.R.D. wollte Gandhis Nachfolger unbedingt »Störtebeker« nennen, während Rike zunächst »Nelson« favorisierte. Arafat war das eigentlich ziemlich egal, solange sich seine Zweibeiner nur einig über das waren, was sie wollten und ihn beide mit demselben Namen riefen. Auch mit »Arafat« war er dann zufrieden gewesen, das klang irgendwie erhaben und knackig. Aber dass sein eigentliches Alphatier Rike tagsüber immer außer Haus war, weil sie an einem anderen Ort arbeitete, und er nun mit ihrem Männchen jeden Tag in dieser kleinen Wohnung hocken und sich langweilen musste, war Arafat alles andere als egal.

•• <> ••

EINLADUNG AUS DER VERGANGENHEIT

In der Dämmerung Münchens kamen Henning und seine Neueroberung munter miteinander plaudernd um eine Häuserecke. Linda wusste, dass sie sich nach der Ouvertüre vom Vormittag erst am Beginn des ersten Aktes befand. Der Hauptakt stand ihr noch bevor. Und ob die Geschichte dann auch ein Happy End haben würde, stand noch in den Sternen. Jetzt kam auf jeden Fall der Teil für die Gourmets, denn Linda und Henning betraten ein Restaurant.

• <> •

Arafat döste auf der Türschwelle und horchte schon lange bevor es am Türschloss kratzte auf: Er erkannte sein echtes Alphatier an ihrem Gang. Als Rike drei Stockwerke tiefer das Treppenhaus betrat, sprang er sofort auf, lief schwanzwedelnd zur Tür und als sie dann die Tür aufschloss, begrüßte er sein Alphatier mit einem erleichterten Hecheln.

Nach Luft japsend und mit Einkaufstüten bepackt, schob sich die zierliche Enddreißigerin, eine Mode-Punkerin mit Piercings und Dreadlocks, aus dem Treppenhaus durch den Flur in die Küche, um dort ihre Einkäufe abzuladen und begrüßte ihre beiden Männer: »N' Abend ihr zwei Stubenhocker!«

Bernhard arbeitete aufs intensivste beschäftigt an seinem Notebook und bekam daher zunächst gar nicht mit, dass Rike wieder zu Hause war. Erst als sie die Einkäufe in der Küche auspackte, bemerkte er die Anwesenheit seiner Freundin. Er stand aber nicht auf, um sie zu begrüßen, sondern blieb sitzen, hob seine Hand, als ob Rike es sehen könnte, und murmelte halblaut und mit seinen Gedanken woanders vor sich hin: »Hallo Schnucki!« Ohne Unterbrechung arbeitete er konzentriert weiter, bis Rike zu ihm ins Arbeitszimmer trat, um sich zu erkundigen, welche Weiterentwicklung der Artikel über die Genpatente inzwischen erfahren oder eher erlitten hatte. Danach begann sie sofort damit, in der Küche das Essen vorzubereiten.

Als Bernhard und Rike dazu übergingen, sich quer durch die Wohnung mit Zurufen von Küche zu Arbeitszimmer zu unterhalten, legte Arafat sich dazwischen im Flur ab und spitzte die Ohren. Er wollte auf keinen Fall einen wesentlichen Teil ihrer Mitteilungen verpassen.

»Schnucki, stell dir vor, was heute passiert ist!« Bernhards Konzentration auf seinen Text ließ spürbar nach.

»Was?« Rikes Tonfall verriet ihren Spott. »Hier, in deiner Butze ist was passiert?«

»Ha!« Bernhard ließ sich durch die Spöttelei seiner Freundin nicht aus der Ruhe bringen. »Ich hatte einen Anruf von meinem ehemaligen Mitschüler Olli Specht: Die wollen ein Klassentreffen machen.«

Rike überlegte und runzelte die Stirn: »Olli, war das nicht einer der beiden, die angeblich mit dir zusammen im Puff ihre ersten erotischen Erfahrungen gesammelt haben?«

»Ja, er und Rudi, der Rowdy.«

»Ach, dieselbe Mannschaft, die auch das revolutionäre Trio gebildet hat?«

»Ja, aber ›revolutionär‹? – Olli hat sich korrumpieren lassen und ist jetzt Personalchef in der Firma seiner Schwiegereltern. Genau so ein Kapitalist wie Rudi: der hat von seinem Vater die Glaserei übernommen. Ich bin wohl der Einzige von uns, der seinen politischen Idealen treu geblieben ist.«

Rike war an einem anderen Aspekt mehr interessiert als am Verschleißen politischer Ideale im Verlauf der Zeit und ging nicht weiter auf Bernhards letzte Bemerkung ein: »War Olli derjenige, der die Story mit dem Puff aufgebracht hat?«

»Nee. Für alle Angebereien und für jeden Machokram war immer Rudi zuständig gewesen: klein, aber große Klappe. Er hat das Gerücht erfunden, um sich vor den anderen Jungen in der Klasse wichtig zu machen. Olli hat sich in dem Ruf als ›erfahrener Mann‹ aber gerne mitgesonnt.«

Rike schüttelte den Kopf. »Erfahrung‹, und dann ausgerechnet aus einem Bordell? – Männer: als ob man sich in solch einem Ruf sonnen könnte! – Willst du jetzt mitessen? Ich habe einen Sauhunger.«

»Komme gleich. Olli hat eine Mail mit einer Adressenliste unserer ehemaligen Mitschüler rumgeschickt, damit wir sie vervollständigen. Aber ich habe ja zu niemandem mehr Kontakt.« Bernhard hielt einen Ausdruck der Liste in seiner Hand, suchte vergeblich einen Namen darauf und atmete erleichtert auf, als er ihn nicht fand. Drei Lautstärken leiser, und eigentlich nur an sich selber gerichtet, fügte er hinzu: »Vor allem nicht zu dieser blöden Kuh. Zum Glück!«

»War Olli der mit dem ›Vögel-Baby‹ schon in der Schule?« erkundigte sich Rike.

»Ja, Olli Specht und Andrea Sperling und ihr gemeinsames Töchterchen Miriam. Sie war das erste Kind aus unserem Jahrgang. Und das bereits in der Zwölften. Und dann auch noch in der Provinz. – War das damals ein Skandal!« Bernhard kam in die Küche geschlurft, setzte sich an den Tisch und ließ sich bedienen. »Und Olli hat erzählt, dass Rudi ebenfalls verheiratet ist und zwei Kinder hat. Dass ausgerechnet die beiden jetzt auf spießbürgerlich mit Kleinfamilie machen, hätte ich denen nicht zugetraut. Gerade vor Rudi war doch früher nie eine Jungfrau … – ich meine, der hat alles angebaggert, was ihm über den Weg lief. Der war doch sogar schon vor mir mit der blöden … – mit Linda zusammen.«

»Ah, er durfte sie also entjungfern und du hast sie dann geheiratet?«

»Na ja. Die beiden waren eben vorher zusammen. Und ich —«

Arafat hatte genug gehört. Jetzt ging *das* wieder los! Während Rike und B.R.D. zu essen begannen und sich weiter unterhielten, schaltete Arafat den Teil seines Gehirnes ab, der für die Verarbeitung akustischer Wahrnehmungen zuständig war. Er wollte nicht schon wieder dieses Drama über den armen, im Stich gelassenen, verkannten Künstler mitanhören müssen. Die Trennung von seinem ersten Weibchen hatte B.R.D. nie so ganz verwunden. Nur weil es ihm – aufgrund der provinziellen Kleinkariertheit in Hannover, dann infolge der damals noch isolierten Lage auch in Berlin und ganz allgemein wegen der profitorientierten Borniertheit des Kunstmarktes – nicht gelungen war, sein ursprüngliches Ziel umzusetzen, nämlich Schauspieler zu werden, hatte ihn das angebliche Engelchen fallen gelassen wie eine heiße Kartoffel. Das hatte der Zweibeiner ihr nie verziehen. Und sein neues Weibchen musste sich deswegen jetzt das Lamento über dieses traumatisierende Erlebnis immer wieder in aller Ausführlichkeit, und jedes Mal in einer anderen emotionalen Grundstimmung anhören: mal als dramatisch anklagende Milieustudie, mal als zynische Satire und mal als sensibles Psychodrama um verletzte Gefühle.

Arafat träumte viel lieber in aller Ausführlichkeit von großen, leckeren Knochen und ewig dauernden Spaziergängen in einer Landschaft, die sich grenzenlos auszudehnen schien, auf jeden Fall aber wesentlich weiträumiger war als diese kleine Altbauwohnung am Hamburger Hafenrand.

• <> •

Linda lebte in einer blitzblanken und akkurat aufgeräumten Dreizimmer-Altbau-Wohnung mit Küche und Bad, die komplett mit weiß gestrichenen Massivholz-Möbeln im Jugendstil eingerichtet war, zu denen einfarbige Vorhänge, Kissenbezüge und Möbelbezugsstoffe in schlichtem Anthrazit einen edel wirkenden Kontrast bildeten. Die Wände hatte Linda mit schwarz-weißen Kunstdrucken von Bildern des englischen Künstlers Aubrey Beardsley verziert. Ursprünglich war sie kein ausgesprochener Fan von Kunst im Allgemeinen und von Beardsley im Besonderen gewesen – im Gegensatz zu Franzi, deren Begeisterung während ihrer langjährigen Freundschaft dann aber natürlich zwangsläufig auf Linda abgefärbt hatte. Im Schlafzimmer über ihrem Bett hingen sich die nächtlichen Damen der Bilder »Les Passades« und »Night Piece« gegenüber; im Esszimmer präsentierte sich die Frau im »Black Cape« der »Toilet Of Salome«. Nur im Wohnzimmer hingen keine der schwarz-weißen Kunstwerke des berühmten englischen Jugendstilkünstlers, sondern ein knallbuntes Doppelportrait im Pop Art Stil von Linda Engel und Franziska von Lauenstein, das einer der von Franzi betreuten Künstler gemalt hatte.

Ursprünglich war Linda mit Bernhard hierher gezogen, nachdem es mit dessen Schauspielkarriere schon nicht im provinziellen Hannover, aber auch nicht im damals noch geografisch und politisch abgekapselten Berlin geklappt hatte. Allerdings waren weder die »geistig beschränkten Spießer« aus Hannover und seiner Umgebung noch die »isolierte Situation« der späteren Hauptstadt Schuld an Bernhards schauspielerischem Versagen gewesen, sondern ganz allein er selber, sodass der erneute Umzug und der damit verbundene nächste Neuanfang in München ebenfalls nichts genutzt hatten. Zum Glück war Linda ihren Mann dann losgeworden, nicht aber auch die Wohnung. Der blöde Loser hatte sie ihr überlassen, war aus München jammernd nach Kurzenhagen in den Schoß seiner Mama geflohen und danach aus Lindas Wahrnehmung verschwunden. Gut so!

Während ihrer drei Ehen mit Jim, Werner und Heiko hatte sie die Wohnung jeweils untervermietet, war dann aber bei jeder Scheidung froh gewesen, sie nicht komplett aufgegeben zu haben und jedes Mal in sie zurückgekehrt. Seit ihrer offiziellen Trennung von Heiko vor einigen Monaten wohnte sie jetzt zum vierten Mal hier. Franziska, die unabhängig von Bernhard und Linda ebenfalls nach München gezogen war, hatte ihre Freundin nach jeder Scheidung gefragt, ob sie beide sich nicht eine gemeinsame Bleibe suchen wollten. Solange Franzi für ihre Künstler unterwegs war, hätte Linda die Wohnung ganz für sich allein gehabt. Und wenn Linda wieder heiratete, hätte Franzi die Wohnung locker allein finanzieren können und ihre Mitbewohnerin hätte sich nicht um einen neuen Untermieter kümmern müssen. Aber Linda hatte dieses Angebot jedes Mal abgelehnt. Sie wollte doch nicht ihrer besten Freundin auf der Tasche liegen, auch wenn es deren riesigem Vermögen sicher nicht wehgetan hätte.

Als Linda und Henning nach dem Essen in der schönen Wohnung mit den Beardsleys eintrafen, landeten sie ohne weitere Umschweife miteinander im Bett. Ein Vorspiel schienen sie beide nicht nötig zu haben. Linda zog sich sogar schon im Gehen auf dem Weg zwischen Eingangstür und Bett aus und warf ihre Kleidung so achtlos um sich auf den Boden, dass sie dabei eine Spur hinterließ, an der sich Hänsel und Gretel mit ihren bescheidenen Steinchen und Brotkrümeln ein Beispiel hätten nehmen sollen. Und im Bett erwies sich Henning als hervorragend trainierter Hochleistungssportler, während sich Linda gekonnt unter ihm hin und her wand.

• <> •

Rike stand noch in der Küche und räumte den Tisch ab, als sich Bernhard vor den Fernseher setzte und gelangweilt durch das Programm zappte. »Schnucki, kommst du zu mir aufs Sofa?«

In der Küche brauchte Rike etwa vier Sekunden, bevor sie antwortete: »Wenn du mir helfen würdest, käme ich jedenfalls schneller zu dir aufs Sofa! – Hat die ›blöde Kuh‹ dich verlassen, weil du dich von ihr auch immer bedienen lassen wolltest?«

Bernhard ignorierte Rikes Bemerkungen und durchforstete stattdessen grummelnd die Fernsehzeitung vergeblich nach brauchbarer Unterhaltung. »Mann, warum haben die eigentlich nur noch so 'n Schrott im Programm? Erzkonservative Heimatserien; reaktionäre Magazine; spießige Krimiserien für alte Omas; verblödende Serien für unausgereifte Teenager und verpilcherten Hyperkitsch für eh schon verblödete Hausfrauen.«

Rike kam aus der Küche, warf ihm das Geschirrtuch an den Kopf und ging wieder zurück. »Wenn du zu faul bist, dich um deinen Dreck zu kümmern, kann deine verblödete Hausfrau auch in ihre eigene Wohnung gehen. – Aber mit Arafat und ohne dich.«

Bernhard stand murrend auf und folgte widerwillig seiner Freundin in die Küche.

Henning zündete sich eine Zigarette an, zog sich langsam wieder an, verabschiedete sich freundlich von Linda und ließ sie alleine zwischen ihren Beardsleys zurück. Sie schloss hinter ihm die Wohnungstür und räumte sorgfältig ihre abgeworfene Kleidung zusammen.

• <> •

Rike hatte nach dem Essen noch kurz im Arbeitszimmer an ihrem Notebook gearbeitet und war nun im Begriff, zu Bernhard rüberzukommen, der bereits wieder auf dem Sofa im Wohnzimmer lag. Als er vorhin die Adressenliste der ehemaligen Mitschüler überflogen hatte, war er nur auf der Suche nach dem Namen seiner Exfrau gewesen. Aber jetzt fiel ihm noch ein anderer Mitschüler ein, auf dessen Namen er vorher nicht geachtet hatte, also rief er zu Rike rüber: »Ist eigentlich eine Adresse von Thomas Dinker-Thon mit in der Liste?«

Rike nahm den Ausdruck der Liste vom Schreibtisch mit und legte sich damit zu Bernhard aufs Sofa. »Dinker – was?« Sie kräuselte ihre Stirn. »Den Namen hast du ja noch nie erwähnt.«

»War mir wohl zu peinlich.« Bernhard rekelte sich hin und her, um ihr Platz zu machen.

Rike fuhr mit ihrem Finger durch die Liste. »Ja, hier. Allerdings nur mit einer E-Mail-Adresse. – Was war dir denn an dem so peinlich?«

»Ach, das war so ein unsicherer Typ. Deswegen haben wir ihn auch immer gehänselt. Aber der war wenigstens ernsthaft und nicht so oberflächlich drauf wie die anderen. Der hatte Tiefgang. Bei dem wüsste ich ja doch gerne mal, was aus ihm geworden ist.«

»Kannst ihm ja mal mailen. – Aber nicht jetzt! Im Moment habe ich nämlich Zeit zum Knuddeln, du berührungssympathischer Schmusetiger.«

Dieser Aufforderung konnte Bernhard nicht widerstehen, vergaß auf der Stelle Thomas Dinker-Thon und begann mit seiner Liebsten zu schmusen.

• <> •

Es war bereits dunkel, als Tom, Emel, Dorothee und Achim aus dem Haupteingang ihrer Studiohalle traten, durch die Einfahrt des umzäunten Geländes des Neuen Studios Berlin schlenderten und die nur noch spärlich befahrene Straße vor dem riesigen Studiogelände erreichten. Aus dem kleinen Fernseher des Pförtners im Durchgang dröhnte die wüste Schießerei eines Actionfilms in den ansonsten ruhigen Abend.

»Boss, wenne dir mal wieder nicht entscheiden kannst, ob de mit inne Kneipe jehst oder nicht, dann kiek ma da rüber. Det is' nich' Lili Marleen, aber det nimmt dir ja woll die Entscheidung ab, wa?« Emel deutete auf Nana, die in einem Minirock und einem über die Schulter gehängten Jeans-Jäckchen im Dunkeln am Pfahl einer kaputten Laterne lehnte und lief sofort zu ihr hinüber.

»Hallo Eumelchen!« Nana umarmte ihre ehemalige Kollegin so herzlich, dass ein eifersüchtiger Mann als Tom jetzt einen nervösen Anfall bekommen hätte. Aber Tom blieb gelassen. Er kannte diese »Knuddel-Sessions« noch von früher. Es dauerte eine Weile, bis sich Emel wieder von Nana lösen konnte und zu den anderen zurückkehrte.

»Na, der neue Star am Fernsehhimmel – ach, was sag ich denn: die *Supernova* am *Kino*himmel traut sich mal wieder runter an die triviale Basis?« Dorothee begrüßte Nana mit einer Mischung aus Freude, Bewunderung und Sehnsucht nach den Verheißungen der großen, weiten Welt.

Emel konnte sich ihren Kommentar dazu natürlich nicht verkneifen: »Nachtijall, ick hör dir trapsen! – Nachtijall träjt heut' ihr Kleid aus Neid!«

Dorothee reagierte jedoch nicht auf die Bemerkung ihrer Requisiteurin. Hätte sich Tina so geäußert, wäre dieser Kommentar böse gemeint gewesen. Aber Dorothee wusste, dass Emel sie nur hatte foppen wollen und zwinkerte ihr grinsend zu.

Nana tröstete ihre alten Freunde: »Ich wollte heute eigentlich nur Tom abholen. Aber wenn wir mit unserer ›Schweinerei‹ fertig sind, komme ich euch mal wieder besuchen.«

»Na, det will ick ooch jehofft ham!« Emel drohte Nana ironisch mit dem Finger.

»Viel Spaß noch im ›Roten Kater‹!« Tom verabschiedete sich von seiner Crew, ging zu Nana rüber, hakte sich bei ihr ein und sie winkten den anderen zum Abschied zu, als sie in die entgegengesetzte Richtung verschwanden.

Achim johlte den beiden hinterher: »Bis nächste Woche. Und viel Spaß noch im Bett!«

Nana lachte über Achims Spruch, schnupperte die Abendluft und schlenderte mit Tom am Zaun des NSB entlang. Die Straße lag inzwischen völlig verlassen da. Nur der wilde Schusswechsel aus dem Fernseher des Pförtners war noch eine Weile zu hören und von ferne klagte ein melancholisches Saxofon einsam durch den Abend.

»Stell dir vor, wir hatten heute mal keinen schweinischen Drehtag, aber dafür war er völlig versaut!« Nana schmiegte sich an Tom und der musste über ihr Wortspiel schmunzeln. Seitdem sie die Komödie »Schwein oder nicht Schwein« drehte, handelten ihre Gespräche andauernd von Ferkeln, Säuen und Ebern im Besonderen – oder von Schweinen im Allgemeinen. Aber manchmal hatte Nana auch etwas anderes im Kopf: »Mein Ex- und dein Noch-Produzent hat dir übrigens auf den Anrufbeantworter gesprochen: Du sollst mal den Artikel in der ›Kul-Tour‹ lesen, die haben da schon wieder Gift und Galle über HUL ausgespuckt: ›künstlerisch völlig anspruchslos‹, ›nur noch am Kommerz orientiert‹ und so weiter und so fort.«

»Ah, wie erfreulich! Demnach hätte ich Wims Vorgaben endlich mal erfüllt«, bemerkte Tom sarkastisch. Nana kommentierte ihn nur mit einem Kichern und Tom fuhr fort:

»Wollte er mir gratulieren? – Wim weiß doch, dass schlechte Publicity besser ist als gar keine, solange es der Profitmaximierung zugutekommt. Und da es sich dabei um seinen Profit handelt, sollte ihm das recht sein. Ihm geht es doch nur um unsere Marktanteile.«

»Oh, wie wahr! Es fehlt nur noch, dass er eine Klage wegen sexuellen Missbrauchs gegen sich selber inszeniert, um eure Quoten zu steigern. Dann wärt ihr wirklich in Hollywood angekommen. – Ich habe mir diesen Kul-Tour Artikel mal durchgelesen. Und wo sie recht haben, haben sie recht.«

»Na ja. HUL ist eben eine TV-Serie für Jugendliche und keine Arthouse-Produktion für Intellektuelle.« Toms Tonfall ließ offen, ob seine Bemerkung als Rechtfertigung oder nur als neutrale Erklärung gemeint war.

»Ja – und sie ist von einem Regisseur, der das Niveau von Olivia Rehsiegel oder Fatma Akgün hat! Dein ›Schwein oder‹ – äh, …« Nana unterbrach sich, schmunzelte über ihren Versprecher und fuhr dann konzentrierter fort: »Sorry: ›Schein und Sein‹ und deine anderen Skripte sind psychologisch mindestens genauso gut konzipiert wie Rehsiegels Einpersonenstücke und auch nicht weniger bissig als Akgüns sozialkritische Dramen. Du bist schon ein guter Dramaturg – solange du machen kannst, was du willst.«

Tom fühlte sich geschmeichelt, von Nana ausgerechnet mit zwei der interessantesten deutschsprachigen Regisseurinnen verglichen zu werden. Aber er versteckte sein Gefühl hinter einer kleinen Neckerei, obwohl er schon ahnte, dass Nana nicht um eine prompte Entgegnung verlegen sein würde: »Wie ›nett‹, von dir, dass du mich ausgerechnet mit zwei Regisseur*innen* vergleichen musst!«

Nana reagierte wie erwartet und gespielt schnippisch: »Tja, so ist das nun mal, wenn die Besten ausgerechnet Frauen sind!« Dann kam sie wieder auf ihr ursprüngliches

Thema zurück. »Deine eigenen Drehbücher würden den Intellekt der meisten HUL-Fans genauso überfordern wie du als Regisseur bei HUL unterfordert bist. – Und weil du dich für Wonnebergs Profit abrackerst, kommst du nicht dazu, deine eigenen Filme oder Theaterstücke zu realisieren. Willst du dich nicht endlich mal von HUL abnabeln?«

Tom wurde bei diesem Gespräch nun etwas unbehaglich. »Bin ich dir auf einmal als simpler deutscher TV-Futzi nicht mehr gut genug, nur weil du deine eigene Nase in die große weite Kinowelt steckst?«

»Ach komm! Du weißt, dass ich nicht überheblich bin und es auch nicht arrogant meine. Du passt da einfach nicht hin, du bist da inhaltlich deplatziert. Und du weißt, ich will nur, dass du glücklich und mit deiner Arbeit zufrieden bist. Aber genau das warst du bei HUL noch nie so richtig. Und komm mir nicht wieder mit der ›netten Atmosphäre‹ am Set! Bei deiner Arbeit sollten dir inhaltliche Kriterien wichtiger sein. – Zum Kuscheln hast du mich!« Nana schmiegte sich noch fester an ihn und weil Tom schwieg, fuhr sie fort: »Du hast auch zwei Mails. Und zwar eine von einer Carola Hoffmann aus Kurzenhagen: Sie will ein Klassentreffen organisieren. – War das nicht deine ›sympathische, aber rustikale‹ ehemalige Klassensprecherin?«

»Ja! Oh, von Caro habe ich ja schon ewig nichts mehr gehört!«

»War sie die ›Perle unter den Säuen‹?«

Tom nickte schmunzelnd.

Nana fuhr fort: »Ah ja! Und die andere Mail ist von der HATZ –«

Tom unterbrach seine Freundin und zog erstaunt die Augenbrauen hoch. »Hatz‹ – was ist das denn?«

»Hamburger Alternative Tageszeitung?« Nana überlegte kurz. »Ja richtig. Als wir für ›Jenseits der Geduld‹ auf der Reeperbahn gedreht haben, lag dieses Blatt da in den Kneipen rum. Aber keine Bange, der Absender will nichts von dir als Journalist, sondern als Privatmensch: Einer aus deiner Ex-Klasse hat sich bei dir für sein beschissenes Benehmen entschuldigt. Ein ›B.R.D.‹?« Nana sah Tom fragend an. »Wohl ein Kolumnist der HATZ.«

Tom überlegte einen Moment, bis ihm der Name zu dem alten Kürzel wieder einfiel. »BRD? – Ach Bernhard: Bernhard Rainer Daubner!« Er blickte ungläubig auf. »Oh, der ist bei den Alternativen gelandet und nicht im Zeitungshaus seiner Eltern? Dann war das mit seinem politischen Engagement damals wohl doch mehr als nur Revolutionsromantik.«

»He?«

»Na ja. Seiner Familie gehört die Kurzenhagener Mopo und er, Rudi und Olli haben sich, glaube ich, ständig subversive Schriften gegen die Ausbeutung der Menschen im Kapitalismus und Imperialismus reingezogen.«

»Ach ja!« Nana versuchte, sich ein Bild von den drei Revolutionären zu machen. Sie war aber zu spät geboren, um den Zeitgeist und die Lebensweise der Linken und Alternativen in den Sechzigern und Siebzigern noch selber miterlebt zu haben und bezog ihr Wissen darüber nur aus Filmen und Berichten. Folglich fielen ihr nichts als Klischeebilder von langhaarigen libertinen Kommunarden ein, die wild durcheinander kopulierten – möglicherweise sogar weniger, weil es ihnen wirklich Spaß machte, als vielmehr um damit zu provozieren. »Und das Patriarchat wollten sie aus den Angeln heben, indem sie die monogame Beziehung zwischen den Geschlechtern abschaffen – oder wie?«

»Ich kann mich nicht daran erinnern, dass die drei auch noch über das Patriarchat diskutiert haben. Die waren wohl schon mit dem Kapitalismus und dem Imperialismus überfordert.«

»Ja!« Nana nickte gespielt verständnisvoll. Sie klang milde wie eine Oma, die ihrem Enkel liebevoll den Kopf tätschelt, als sie sich über Toms undifferenzierte Ausdrucksweise mokierte: »Das kann einen aber auch manchmal ziemlich überfordern!«

»Ich meine, sie waren mit gleich zwei so umfangreichen *Themen* ziemlich überfordert«, korrigierte Tom seine ungenaue erste Formulierung, um Missverständnisse aus dem Weg zu räumen.

Das Pärchen kam vor Toms Haus an, einem kleinen, liebevoll renovierten, einstöckigen Fachwerkhäuschen mit Garten, direkt neben dem Studiogelände. Daneben standen eine alte, graue, aber gut gepflegte Ente und ein neuer, sonnengelber Käfer-Cabrio vor der Garage.

»Ja, Tom. Ich weiß schon, wie du das meinst.« Nana hakte sich aus, um den Schlüssel aus ihrer Tasche zu holen. »In einem Punkt muss ich dich aber enttäuschen: Carola hat eine aktuelle Adressenliste zusammengestellt und darin fehlt deine teure ›Marilyn Bardot‹.«

»Redest du von Linda Engel?« Tom war leicht unangenehm berührt. Zum einen, weil er auf Nana hereingefallen war und nicht bemerkt hatte, dass ihr Missverstehen seiner ungenauen Formulierung nur gespielt gewesen war, und er sie sie für dümmer gehalten hatte als sie wirklich war. Und zum anderen, weil er – von dem Traum neulich morgens mal abgesehen – seit Ewigkeiten nicht mehr an Linda Engel gedacht hatte. Na ja, also gedacht schon, allerdings nicht ohne sie dabei jedes Mal wieder ganz bewusst aus seinen Gedanken herausgeschoben zu haben. Und zusammen mit dieser Einladung zu einem Klassentreffen erschien ihm dieser Traum auf einmal als düsteres Omen, als böse Vorahnung. Als Bedrohung seines sorgsam zurechtgezimmerten Daseins als Tom Dithon. Er schüttelte sich.

Nana seufzte auf: »Ach Tom, wir beide wissen schon ganz genau, was der andere meint! – Auch wenn wir uns mal nicht eindeutig ausdrücken.«

• <> •

Toms Haus war auch innen komplett renoviert. Der ausgebaute Dachboden beherbergte den Schlafbereich und die Fernsehkuschelecke, während sich unten Bad, Küche, Sitzecke und Arbeitsbereich befanden. Nur der Eingang und das Bad waren mit durchgehenden Wänden und Türen von den anderen Räumen abgetrennt, die restlichen Raumteilungen ergaben sich durch das freigelassene Fachwerk, das mit eingezogenen Brettern teilweise auch als Regal diente. Es stand voll mit Büchern, vor allem über Literatur, Dramaturgie, Filmtechnik, Kunst und Psychologie, aber auch mit CDs, DVDs, Videos und Schallplatten. Von der Sitzecke und dem Arbeitsbereich führten breite Terrassentüren nach draußen in den Garten und ließen viel Licht herein. Die meisten seiner Möbel und Lampen stammten zwar aus einem bekannten skandinavischen Einrichtungshaus, aber Tom hatte nicht zugelassen, dass diese typische Ästhetik auch die Innenausstattung seiner Wohnung bestimmte. Anstelle von Gardinen dienten große Blumen vor den Fenstern und Büsche draußen an der Terrasse als Sichtschutz und die Couch und die Sessel in der Sitzecke waren mit bunten Tagesdecken aus gehäkeltem Patchwork abgedeckt. Tom legte nach wie vor keinen Wert auf Pomp und Glanz oder angeberische Statussymbole, sondern er zog einfache Gemütlichkeit vor.

An der Wand über dem Computer in der Arbeitsecke hingen mehrere gerahmte Fotos. Sie zeigten Tom als Dreizehnjährigen mit seinen Eltern und seiner etwas jüngeren Schwester Ursel; den erwachsenen Tom mit der ersten

HUL-Generation inklusive Nana; Tom mit seiner neuen HUL-Crew ohne Nana; Tom mit Nana unter dem Brandenburger Tor; Tom zwischen Nana und seiner Schwester; und Ursel mit ihrem Mann und den drei Kindern. Auf dem – ziemlich kleinen und unauffälligen – Bild mit seiner Familie sah der pubertierende Thomas Dinker-Thon fast genauso herausgeputzt aus wie sein Mitschüler Otwin Storm. Deprimiert wie üblich stand er mit hängenden Schultern neben seiner Schwester, die einen wesentlich fröhlicheren Eindruck machte. Und auf dem Bild mit Nana und Ursel wirkte Tom, als wäre er krampfhaft um körperliche Distanz zu seiner Schwester bemüht.

Tom hatte seinen Computer angestellt und fummelte im Stehen etwas unsicher daran herum, um sich die beiden Mails und die Adressenliste seiner ehemaligen Mitschüler auszudrucken. Als Nana seine Unbeholfenheit bemerkte, neckte sie ihn: »Soll ich dir noch mal zeigen, wie das mit dem Internet geht, oder mit dem Öffnen und Ausdrucken der Anhänge?«

Doch diesmal ließ Tom sich nicht wieder von ihrer Ironie aufs Glatteis führen, sondern spielte mit: »Danke. Inzwischen kann ich es allein. – Glaubte ich zumindest.«

Nana stellte sich hinter ihn und führte seine rechte Hand mit der Maus und die linke auf der Tastatur. »Wirklich? – So, *hier* musst du mit deinem Mäuschen drauf, wenn du *da* rein willst.«

Tom revanchierte sich schmunzelnd für ihre verführerische Neckerei, indem er sie mit seinem Ellbogen knuffte. Nana knuffte zurück. Unter Kichern und Stöhnen versuchten sie sich gegenseitig zu kitzeln. Daraus ergab sich eine Balgerei, bei der sie beide auf dem Fußboden landeten und zum Liebesspiel übergingen. Das Blatt Papier mit dem Ausdruck von Bernhards und Carolas Mail und der Adressenliste flatterte im Sturm ihrer Leidenschaft vom Schreibtisch und landete ebenfalls auf dem Fußboden, aber in einer Ecke, wo es unbeachtet liegen blieb.

Tom begann an Nanas Fingerspitzen und fuhr mit Nase, Lippen und Zunge ihren Körper ab. »Wonach gelüstet es dir denn heute: Eine schnelle, kurze Fahrt über den Highway? Eine gemütliche Tour über Landstraßen? Oder soll ich ein paar Schleichwege fahren, hier und da anhalten und aussteigen und der umgebenden Landschaft ihren nötigen Respekt zollen?« Er fuhr mit seinen Lippen in ihr Dekolletee. »Und welchen Fahrstil hättest du gerne? Vielleicht wie im Nebel: sich vorsichtig vorantastend? Oder wie ein Raser auf der Autobahn: hart herausfordernd und intensiv drängend? Oder wie ein Rennfahrer: alle Regeln der Fahrkunst beherrschend, inklusive Technik, guter Kurvenlage und Konzentration der G-Kräfte auf den G-Punkt?«

Nana würgte ihn kichernd ab: »Mann, quatsch nicht so lange rum, sondern fahr endlich los! Aber nicht zu schnell.«

Linda zog sich ein Nachthemd über, legte sich mit einem dicken Kissen vor dem Bauch auf die Couch vor den Fernseher und zappte mit der Fernbedienung desinteressiert durchs Programm. Ein Motivationstrainer mit null Motivation für eine dauerhafte Bindung – diese Aktion heute hatte also das übliche Ergebnis erzielt: einen Quickie ohne jede Hoffnung auf eine persönliche Beziehung. Eine echte Nullnummer! Aber die gehörte zum Risiko der Jagd. Für einen erfolgreichen Beutezug musste man naturgemäß zig Fehlversuche mit solchen Blindgängern in Kauf nehmen. Und auf jeden Fall waren die auch noch harmlos und wesentlich leichter zu ertragen als solche kompletten Knallköpfe, wie diese ... – Linda hatte so spät abends keine Lust mehr, auf diese absoluten Flops ihrer Jagdhistorie gedankliche Energie zu verschwenden und schob ihre Erinnerungen an sie beiseite.

Sie verstand sowieso nicht, warum immer alle solch einen wahnsinninnigen Hype um Sex veranstalteten, als wäre das bisschen Kribbeln etwas Besonderes. Rein, raus und fertig. Na und? Linda konnte doch nicht nur Pech haben mit ihren Männern und sich ausgerechnet nur die erotischen Nieten raussuchen. Nein, es musste an der Erotik selber liegen. Sex wurde offensichtlich überbewertet. Nichts als die übliche Windbeutelei, mit der die Massenmedien sich zu verkaufen versuchten. Es gab wirklich Interessanteres, Aufregenderes und Schöneres. Linda hätte zum Beispiel mal wieder Lust auf einen schönen Film gehabt. Einen alten romantischen Film mit viel Herzschmerz und in dem die Leute noch miteinander schmusten. Aber im Moment lief nichts dergleichen im Fernsehen. Plumpe Action hier, dumme Ballerei da, trockene Berichte dazwischen und auf mehreren Kanälen konnte man nur beobachten, wie sich die Frauen der Telefonsexwerbung vor ihren Kameras rekelten. Gelangweilt schaltete Linda den Fernseher aus, stand auf, holte die Adressenliste ihrer ehemaligen Schulklasse zu sich auf die Couch und studierte sie sorgfältig: Rudi wohnte noch in Kurzenhagen? In dieser Hinterprovinz? Ging ihm da nicht mal irgendwann der Nachschub für seine Abenteuer aus? Der Rowdy brauchte doch alle zwei Wochen eine neue Gespielin. – Hardi Wehn? Ja, richtig: der fade Sprössling vom Getränkehof, der sich immer hinter einer Kamera versteckt hatte. – Thomas Dinker-Thon, war das nicht dieses Mamasöhnchen vom Direx gewesen? Nein, der hieß Ödiwin oder so. Dinker-Thon war dieses Weichei mit der unfreiwilligen Jodelstimme

gewesen, dieses schüchterne Sensibelchen. Auch so ein ver-
päppeltes Upperclass-Kind wie all die anderen aus Lindas
ehemaliger Klasse.

Zwischen ihren Mitschülern hatte sie sich total deplatziert und verloren gefühlt, weil ihre Eltern als nur simple
Angestellte beim Einwohnermeldeamt den spektakulären
Reputationen der Eltern der anderen Schüler natürlich nicht
das Wasser hatten reichen können. Auch die mickrige,
schäbige Mietwohnung der Familie Engel war natürlich
nichts gewesen im Vergleich mit den Häusern und sogar
Villen, in denen ihre Mitschüler gelebt hatten. In ihrer
Klasse war Linda sich wie das fünfte Rad am Wagen vorgekommen: überflüssig und nicht wirklich dazugehörig. Ach,
eigentlich hatten sie ja auf der gesamten Schule nur solche
eingebildeten Schnösel gehabt. So richtig etepetete: eigene
Prunkvilla, eigene Putzfrau, eigener Zweitwagen, eigenes
Reitpferd mit Unterstellplatz auf einem Reiterhof in der
Heide, eigener Hund, eigene Katze, … eigenes Meer-
schweinchen …

Linda wurde langsam immer schläfriger, bis ihr schließlich das Blatt aus der Hand fiel und sie auf dem Sofa
einschlief.

•• ‹› ••

ENGELCHEN AUF WOLKE SIEBEN

Tom kam im Morgenmantel und noch leicht verschlafen die Treppe herunter und sortierte sich erst einmal gedanklich für den heutigen Tag. Er brauchte nicht zu arbeiten, aber Nana war wieder zu ihren Dreharbeiten gefahren und draußen regnete es in Strömen. Er konnte sich also ausführlich seinen eigenen Drehbuchprojekten widmen. Und weil er das schon seit Längerem nicht mehr getan hatte, wollte er sich gar nicht erst duschen und umziehen, sondern gleich damit beginnen. Er hatte nicht vor, das Haus heute zu verlassen, also konnte er seine Körperpflege immer noch später nachholen. Bevor er sich aber an seinen Schreibtisch setzte, fiel ihm wieder der Artikel über HUL in der »Kul-Tour« ein. Er sah sich um und entdeckte die Zeitung auf dem Tisch in der Sitzecke.

Mit einem hochgezogenen Bein setzte Tom sich auf eine Ecke der Sofalehne und durchsuchte neugierig die Zeitung, bis er den Artikel entdeckte und sich selber halblaut vorlas: »… Wir akzeptieren schon niemanden, der es nötig hat, sich künstlich selber zu erhöhen, indem er uns beleidigt, diffamiert und uns Negatives unterstellt, uns anderweitig herabwürdigt. – Oder so etwas sogar tut, um uns für die Erfüllung seiner eigenen Interessen manipulierbar zu machen. Aber in den Fernsehproduktionen ist es längst zur Gewohnheit geworden, dem Publikum zu unterstellen, es sei zu blöde, um komplexe Sachzusammenhänge zu verstehen. Und das nur als Rechtfertigung dafür, diesen angeblich geschätzten Zuschauern den eigenen anspruchslosen Müll unterjubeln zu dürfen. Wenn sich ein Individuum auf persönlicher Ebene so verhält, wird sein Verhalten als Missachtung und Missbrauch bezeichnet und juristisch als strafbar bewertet. Und was ist es dann auf öffentlicher, medialer

Ebene? Marcel Reich-Ranicki tat gut daran, 2008 die Annahme des Deutschen Fernsehpreises zu verweigern, um damit gegen den ›Blödsinn, den wir hier heute Abend zu sehen bekommen haben‹ zu protestieren. Leider hat sich seitdem absolut gar nichts geändert. Und HUL trägt zu genau dieser Unkultur und der Missachtung des Publikums bei.«

Tom hob die Augenbrauen. Da hatte sich ein Kritiker ja mal wieder so richtig ausgetobt! Er legte die »Kul-Tour« beiseite und machte sich bereit für einen HUL-freien Tag ohne Nana. Er schaltete seinen Computer an und öffnete die Datei mit dem Titel »Schein und Sein«.

• <> •

Linda und eine weitere Frau standen schweigend vor dem Spiegel im exklusiv eingerichteten Waschraum einer Damentoilette und erneuerten konzentriert ihr Make-Up.

Die andere Frau trug einen Kittel, an dessen linker Brustseite ein Namensschild steckte. Unter ihrem Namen präsentierte es auch die Aufschrift »Golfclub May« und die zu einem Logo stilisierte Darstellung eines Tees mit Golfball darauf und zwei gekreuzten Schlägern darüber. Nachdem seine Trägerin routiniert ihren Lippenstift aufgetragen hatte, durchbrach sie das geschäftige Schweigen: »Puh!« Ihr Seufzer klang nach Stress, der schon durch Unterforderung und Langeweile bei der Arbeit ausgelöst war. Aber noch mehr rührte er aus der verzweifelten und vergeblichen Suche nach irgendeinem Thema, über das man sich hätte unterhalten können, wenn man ausgerechnet der Noch-Ehefrau des Chefs auf der Toilette begegnete. »Heute ist echt nichts los!« Mehr fiel der Angestellten des Golfclubs leider nicht zu sagen ein und es war ihr höllisch peinlich.

»Na ja. Bei *dem* Mistwetter draußen. Und dann ist dieses Wochenende ja auch noch Formel Eins in Imola. Kein Wunder also, dass keiner hier ist!« Linda zupfte an ihrer Augenbraue herum, obwohl dort absolut nichts Störendes zu sehen war. »Tja, ich muss zurück an die Arbeit.«

»Hach, ich wünschte, das könnte ich auch sagen.« Die Angestellte litt regelrecht unter ihrer Unproduktivität. »Aber im Café haben wir zurzeit gar nichts zu tun, das ist so langweilig.«

Linda steckte ihre Utensilien in die Handtasche, verabschiedete sich von der Angestellten und ging in ihr Büro. In dem großen Raum standen zwar zwei Bürotische, aber Linda hatte ihn für sich allein. Zwischen ihrem und dem unbesetzten Schreibtisch diente eine rollbare Pinnwand als Raumteiler. Auf der Seite, die zu Lindas Tisch zeigte, hingen Ansichtskarten aus aller Welt, auf der anderen ein Werbeplakat des Golfclubs. Draußen regnete es Bindfäden von einem einheitlich grauen Himmel.

Bevor Linda sich wieder an ihren Tisch setzte, trat sie an die Pinnwand heran und fuhr tagträumend mit dem Finger über eine Postkarte mit einer Luftaufnahme der beiden Wahrzeichen Sydneys: Opernhaus und Brücke. – So ein Leben wie Franzi hätte Linda nur allzu gerne selber geführt. Wer nicht für sein Geld arbeiten musste, sondern sich erlauben konnte, ständig durch die ganze Welt zu gondeln, war wirklich gut dran. Und dann tat Franzi dabei sogar noch Gutes, indem sie das bereits vorhandene und ziemlich beträchtliche Familienvermögen für ihre bedürftigen Künstler ausgab. Franzi führte also nicht nur ein angenehmes Leben, sondern füllte es auch mit einer ziemlich ehrenwerten Tätigkeit an. Linda hatte sich anfangs zwar gewundert, dass es ihrer besten Freundin scheinbar gar nichts ausmachte, vor lauter Sorge um ihre Künstler nie Zeit für eine eigene Beziehung oder sogar Ehe zu haben. Aber wer so reich war wie Franzis Familie, hatte es eben nicht nötig, für Geld zu arbeiten – oder Männern hinterherzujagen und sich über sie finanziell abzusichern. Ja, so etwas hätte auch Linda gefallen. Doch wer hatte schon das Privileg, so unabhängig leben zu können? Nur die Wenigsten wurden wirklich reich geboren und Linda hatte eben das Pech, nicht dazuzugehören.

Aber sie konnte Franzis beruhigende imaginäre Stimme hören: »Na, komm, Süße! Bei deinem Job überarbeitest du dich doch nicht!« Und das erinnerte Linda daran, dass sie sich schon häufig einen ganzen Nachmittag lang – anstatt zu arbeiten – entspannt auf ihrem Stuhl zurückgelehnt und mit ihrer besten Freundin telefoniert hatte, als diese in Oslo, Jalta, Kyoto oder Havanna unterwegs gewesen war, um da mal wieder eine Ausstellung oder etwas Ähnliches zu organisieren. Und es erinnerte Linda an verregnete Wochenenden im letzten Sommer, als sie stundenlang mit der Vorgängerin der Kellnerin, mit der sie sich eben im Waschraum gelangweilt angeschwiegen hatte, Kaffee getrunken, Kuchen gegessen und angenehm geplaudert hatte. Bei deren wesentlich unkommunikativerer Nachfolgerin dagegen reichte es ja leider kaum zum uninteressanten Smalltalk in der Toilette. Meistens war es sowieso so langweilig bei der Arbeit, dass Linda immer etwas zu lesen dabei hatte: eine Modezeitschrift oder noch viel lieber einen romantischen Arztroman. Am allerliebsten aber schwelgte sie intensiv in Exkursionen in die Städte und Länder, in denen Franzi gerade weilte, um dort wie üblich ihr vieles Geld für arme Künstler auszugeben. Dem Internet sei Dank konnte Linda wenigstens virtuell und in Gedanken bei ihrer Freundin sein und mit ihr um die Welt fliegen. Und auf jeden Fall hatte Linda auch immer ihr komplettes Equipment für die Pflege der Fingernägel dabei. Zum einen, weil sie natürlich nicht stundenlang mit einem eingerissenen Nagel herumlaufen wollte, falls ihr dies Malheur denn einmal zustieß, zum anderen war ihr auch ihre private Freizeit viel zu schade, um sie für die aufwendige Pflege der Nägel zu verschwenden. Dafür war die Zeit im Büro, wenn es – wie so oft üblich – mal wieder nichts zu tun gab, gerade gut genug. Linda musste daher Franzi, aber auch der unkommunikativen Angestellten aus dem Café zustimmen: Die Arbeit hier in diesem Golfclub überforderte die meisten der Mitarbeiter jedenfalls nicht gerade und hektischer Stress gehörte nicht zur Tagesordnung. Der Job ließ sich wirklich aushalten.

Linda nahm eine Karte mit einem Bild des australischen Outbacks von der Wand, sah sie eine Weile an, steckte sie zurück, setzte sich seufzend an ihren Computer und öffnete eine Access-Datei mit Statistiken des Golfclubs. Dann öffnete sie darüber in Outlook eine »Unbenannte Nachricht« und diktierte sich den Text für eine neue Mail: »Liebe Franzi, schade, dass wir neulich nicht mehr zum Plaudern gekommen sind. In der letzten Zeit war ich bei meiner Suche nach einem Nachfolger für Heiko nicht besonders erfolgreich. Nach dem Rechtsanwalt, von dem ich dir beim Essen erzählt habe, hatte ich noch zwei solcher Nullnummern: erst ein Motivationstrainer, das war dieser ›doppelte Cappuccino‹ aus dem Straßencafé, und dann ein Ingenieur.« Linda sah träumend aus dem Fenster und formulierte in Gedanken den weiteren Text ihrer Mail, bevor sie fortfuhr: »Aber jetzt habe ich einen ganz süßen Sportlehrer kennengelernt …«

• <> •

Nach einem arbeitsintensiven Tag am Schreibtisch, mit nur einer einzigen und relativ kurzen Unterbrechung zur Körperpflege und zum Essen am frühen Nachmittag, schloss

Tom am Abend endlich wieder die Datei mit seinem Psychodrama »Schein und Sein«. Nicht endgültig für heute. Da Nana nicht kommen würde, konnte er am Abend weiter daran arbeiten. Aber jetzt wollte er erst einmal Abendbrot essen.

Als er vom Schreibtisch aufstand, fiel sein Blick auf ein Blatt Papier, das in einer Ecke auf dem Boden lag. Er war so intensiv mit der Arbeit an seinem Drehbuch beschäftigt gewesen, dass er den ganzen Tag nicht mehr an die Einladung zum Klassentreffen gedacht hatte. Aber jetzt fiel sie ihm wieder ein. Er nahm das Papier auf und las sich erst leise Carolas Mail und die Adressenliste durch, bevor er begann, sich Bernhards Entschuldigung laut vorzulesen: »... noch nie für mein verächtliches Benehmen dir gegenüber entschuldigt. Das möchte ich hiermit nachholen. Ich habe dich früher immer darum beneidet, wie gut du analysieren konntest. Vor allem in Deutsch. Und du sollst ja auch in den Kursen in Philosophie und Psychologie ziemlich gut gewesen sein. Es würde mich mal interessieren, was du heute machst. Ich arbeite als freier Journalist und für die HATZ schreibe ich unter meinem Kürzel B.R.D. die tägliche Kolumne. Hast du Frau und Kinder? Meine Freundin heißt Ulrike und ist Layouterin bei der etablierten Konkurrenz. Ich würde mich wirklich freuen, von dir zu hören. Gruß, B.R.D.«

Tom saß an seinem Schreibtisch und starrte mit offenem Mund erstaunt das Papier in seiner Hand an. Bernhard konnte sich nicht nur an Toms schulische Leistungen im gemeinsamen Leistungskurs Deutsch erinnern. Nein, sein ehemals gefürchteter Mitschüler wusste sogar, dass Tom in Kursen gut gewesen war, die Bernhard selber nicht besucht hatte. Bernhard schien sich mehr für ihn interessiert zu haben, als es Tom jemals bewusst gewesen war. Tom konnte es kaum glauben.

Natürlich sah er inzwischen die menschlichen Beziehungen nicht mehr so eindimensional oder schwarz-weiß wie noch früher als Kind, als er zunächst nur zwischen den beliebten und angesehenen Mitschülern einerseits, und den unbeliebten und verachteten andererseits unterscheiden konnte. Während der späteren Schuljahre war Tom immerhin bewusst geworden, dass auch seine damaligen Freunde etwas Schätzenswertes boten, während er an den angeblich so tollen Schülern immer mehr Negatives entdeckt hatte. Carola, Otwin und Hardi mochten vielleicht uninteressante Langweiler gewesen sein, aber sie hatten sich jedenfalls nie so oberflächlich, arrogant und verächtlich verhalten wie Rudi, Olli und Bernhard, sondern waren schon früh sehr viel weiter in ihrer sozialen Reife und ihrem respektvollen Benehmen anderen gegenüber gewesen.

Toms kindlich naive Bewunderung für die »schillernden Persönlichkeiten« des revolutionären Trios war damals nach und nach in Geringschätzung umgeschlagen und seine Meinung über ihre politischen Umtriebe hatte einen ähnlichen Wandel erfahren. Waren sie ihm anfangs noch als sich selber aufopfernde, wagemutige und bewundernswerte Helden der sozialen Gerechtigkeit erschienen, so hatte er in dieser Zeit den verstärkten Eindruck gewonnen, dass nicht viel mehr als dummer Fanatismus oder wenigstens revolutionsromantische Verblendung hinter ihren Aktivitäten steckte. Aber möglicherweise stimmte auch diese Einschätzung nicht? Tom war sich darüber schon früher nie ganz sicher gewesen.

Tom war neugierig geworden. Nachdem er sich schnell zwei Scheiben Brot geschmiert und damit zurück an seinen Computer gesetzt hatte, durchforstete er das Internet nach einem Artikel seines ehemaligen Klassenkameraden und stieß nach einer Weile auf einen Beitrag mit dem Titel

»Hartz IV Sanktionen – Die moderne Umsetzung des Milgram Experiments«. Schon über den Titel hob Tom erstaunt seine Augenbrauen. Aber während er seine Brote aß, führte er sich Bernhards Gedankenverbindung zwischen Stanley Milgram und den gesetzlichen Bestimmungen für deutsche Arbeitslose zu Gemüte und ließ sich davon umso nachhaltiger beeindrucken. Tom hatte erwartet, dass Bernhard in seinen Artikeln die üblichen linken, alternativen, grünen oder anarchistischen Phrasen dreschen würde. Aber der ehemals »dicke Guevara« hatte in diesem Beitrag eine interessante Sichtweise auf das Verhältnis zwischen Autorität, Missachtung und sozialer Ungleichheit an den Tag gelegt. Möglicherweise hatte Toms ehemaliger Mitschüler in seiner eigenen Familie ebenfalls Bekanntschaft mit solch autoritären Strukturen gemacht, wie Tom sie aus der Familie Dinker-Thon nur bestens selber kannte.

Auf jeden Fall war Bernhard in der Lage, für eine fundierte, umsichtige, vernünftige und interessante journalistische Arbeit selber zu denken. Und Bernhard war auch zu selbstkritischer Einsicht fähig und dazu, sein verächtliches Benehmen zuzugeben und sich dafür sogar zu entschuldigen. Er hatte offensichtlich seine Chancen genutzt, doch noch eine reifere Persönlichkeit zu entwickeln. Bei Engelchen war Tom schon während der Schulzeit auf die Idee gekommen, dass sie ihre oberflächliche Maske nur aus Selbstschutz gegen die Überheblichkeiten der anderen Schüler aus gutbürgerlichen und sogar adligen Familien aufgebaut hatte. Aber nun musste er wohl auch den drei Nervensägen zugestehen, hinter ihrem machohaften Getue möglicherweise nur irgendwelche Verunsicherungen versteckt zu haben. Bernhard war offenbar doch eine ganze Ecke feinsinniger als Tom immer gedacht hatte.

• <> •

»Ey, haut den Ball endlich rein ihr Saftsäcke! Macht diese scheiß Bayern platt!« Bernhard fläzte sich auf seinem Sofa und fieberte lauthals mit dem Fußballspiel im Fernseher mit. Rike stand im Badezimmer vor dem Spiegel und schminkte sich, Arafat lag dösend im Flur und Bernhard hielt kurz den Atem an, bevor er wieder lospolterte: »Och, nee, ihr Flaschen!« Im Fernsehbild flog der Ball dicht am Tor der Bayern vorbei.

Arafat hob seinen Kopf und sah zu B.R.D. Ja, dieser Zweibeiner hatte nichts übrig für Leute, die immer nur in der ersten Liga spielten. Oder, um es mit B.R.D.s eigenen Worten auszudrücken: für solch einen elitären und dekadenten Ausbeuterverein wie den FC Bayern München.

Als Rike fertig war, zog sie sich an und verabschiedete sich: »Okay, ihr zwei Stubenhocker. Nach dem Film gehen wir bestimmt noch in die Kneipe, es kann also länger dauern. Viel Spaß beim Fußball! – Aber vergesst nicht Gassi zu gehen!«

Bernhard hob seine Hand, um zu signalisieren, dass er seine Freundin gehört hatte, war aber zu sehr mit dem Fußballspiel beschäftigt, um auch verbal zu reagieren. Rike linste durch den offenen Türrahmen ins Wohnzimmer, nickte stumm und ging.

Als etwas später das Spiel geendet hatte, schaltete Bernhard mit einer unzufriedenen Miene den Fernseher aus, stieg über Arafat hinweg, setzte sich an seinen Schreibtisch, schaltete gelangweilt sein Notebook an und entdeckte eine Antwortmail von Thomas Dinker-Thon, der ihm schrieb, dass er jetzt als Dramaturg beim NSB arbeitete.

Bernhard überlegte: NSB? Bedeutete das nicht »Neuer Sender Berlin« oder so was? Auf jeden Fall war es irgendetwas Größeres. Und da war *der* jetzt untergekommen? Das hätte Bernhard diesem unsicheren Kerl gar nicht zugetraut.

Der Journalist war beeindruckt. Aber er war auch entrüstet: Thomas hätte sein geistiges Potential besser mal für was Politisches verwenden sollen! Bernhard las einen Moment schweigend weiter und stolperte dann über einen Namen: Nana? Der Typ war doch nicht etwa mit … Bernhard mochte seinen Gedanken gar nicht zu Ende denken: Nee – nicht dieser Typ!

Als politischer Journalist setzte sich Bernhard nur mit den harten, existenziellen und ernsten sozialen Fakten der Gesellschaft intensiv auseinander. Wer mit Gini-Koeffizienten, Hartz IV Sanktionen und autoritärer Staatsmacht beschäftigt war, interessierte sich natürlich nicht näher für so etwas Unseriöses, Verspieltes oder eigentlich Überflüssiges wie Unterhaltung, Kunst oder Filme – und natürlich erst recht nicht für Promiklatsch und die Frage »Wer mit wem?«. Auch aus Kurzenhagen bekam Bernhard nichts mehr mit, da er nur sehr selten und wenn absolut nötig mit seinem Bruder oder seinen Eltern kommunizierte. Er wollte sich doch nicht der konservativen Propaganda seiner Familie aussetzen. Und Kurzenhagener Tratsch – zum Beispiel über ehemalige Mitschüler – gehörte dann schon mal gar nicht zum Gesprächsthema.

Um eine Antwort auf seine Frage zu erhalten, ob einer *seiner* ehemaligen Mitschüler vielleicht doch mit einer angesagten und erstklassigen Schauspielerin – und Bernhard musste auch widerwillig zugeben: mit einer wahnsinnig begehrenswerten Frau – liiert war, musste er sich nun auf dieses für ihn thematisch völlig fremde Terrain einlassen. Er öffnete die Seite einer Suchmaschine, tippte »Nana Templin« in das Textfeld, klickte dann eine der offerierten Webseiten an, las sich murmelnd den Text vor und kommentierte ihn lauthals: »*Nach ihrem Debüt in der TV-Serie ›Hass und Liebe‹* – Was, die hat mal bei diesem Schrott mitgespielt?«

Bernhard schüttelte empört den Kopf, fasste sich aber wieder und las weiter: »... *holte Tim Tillmann die talentierte Schauspielerin an das Set seiner in kaleidoskopartiger Collagetechnik verfilmten Milieustudie ›Rosa brennt‹, in der sie als Junkie brillierte.*« Diesmal klang Bernhard eher irritiert: »Bei diesem abstrakten, bourgeoisen Intellektuellenkram auch? Wusste ich ja gar nicht. – *Der Durchbruch auf dem internationalen Filmmarkt gelang ihr mit der Darstellung eines Callgirls in dem Film ›Jenseits der Geduld‹.* – Ja, ja. Wissen wir doch schon längst.« Bernhard übersprang einige Zeilen und versuchte am Ende des Textes noch etwas für ihn Brauchbares zu finden. »*Zurzeit dreht Templin zusammen mit dem durch seine skurrilen Dorfkomödien bekannt gewordenen Regisseur Hauke Ruck dessen neueste Provinz-Groteske ›Schwein oder nicht Schwein‹ –*« Bernhard brach genervt ab. »Meine Güte, habt ihr hier gar nichts über die Person?«

Arafat stand auf und reckte und dehnte sich ausgiebig. Dann kam er langsam herangetrottet. Gemütlich, weise, gütig und milde, aber auch mit einer winzigen Prise spöttelnder Ironie garniert, brummte er Bernhard an: »Als ein seriöser Journalist kennst du dich natürlich nur mit den existenziellen und wirklich wichtigen Dingen des Lebens aus und musst jetzt erst lange nach solchen unwesentlichen Informationen suchen. Wenn du nicht mehr nach ihnen suchen bräuchtest, weil du schon längst wüsstest, was du wissen willst, wärst du einer dieser ›dekadenten Kommerzheinis der Klatsch- und Regenbogenpresse‹ und kein ernsthafter politischer Journalist. – Und so was wollen wir ja nicht!«

Bernhard beachtete Arafat aber kaum, tätschelte nur geistesabwesend den Kopf der Dogge und öffnete eine weitere Webseite. Sie zeigte ein Foto von Nana Templin in Abendgarderobe, eingehakt zwischen zwei Männern vor einem Kino, dessen Anzeigetafel den Film »Rosa brennt«

ankündigte. Beide Männer trugen Smoking mit Fliege. Bernhard sah genauer hin: der eine Mann war eindeutig Tim Tillmann, aber wer war dieser weißhaarige Kerl daneben? Dem Text dieser Webseite konnte Bernhard keine weiteren Informationen zu dem Bild entnehmen, außer dass es sich um ein Premierenfoto von »Rosa brennt« handelte. Sonst waren hier nur Fakten über Tillmanns Film zu lesen. Doch der seriöse Kolumnist wollte es nun genau wissen. Er klickte für »Nana Templin« die Bildersuche an und gleich das erste Bild zeigte wieder die Schauspielerin mit diesem weißhaarigen Typen in Abendgarderobe, aber diesmal bei einer Veranstaltung unter Palmen. Der Text zu dem Bild ließ Bernhard zusammenzucken: »Jenseits der Geduld‹ goes Cannes: Tom Dithon, Nana Templin«.

»Tom Dithon?« Bernhard überlegte. Das klang zwar irgendwie ähnlich wie Thomas Dinker-Thon, aber dieser Typ da konnte unmöglich sein ehemaliger Mitschüler aus Kurzenhagen sein: Der hatte doch noch keine weißen Haare! Und ausgerechnet Dinker-Thon zusammen mit Tillmann und Templin? – Nein, wenn Thomas etwas von einer Nana als Freundin schrieb, dann war das sicher sonst wer. Aber auf keinen Fall die Templin! Und die Namensähnlichkeit musste ebenfalls ein dummer Zufall sein.

Arafat nickte bestätigend: »Ja, du bist nicht nur ein seriöser, sondern auch ein gewissenhafter, sorgfältiger und gründlicher Journalist: du gehst den Sachen wirklich auf den Grund!«

Der gründliche Journalist klickte sich in die Wikipedia und tippte dort den Namen »Tom Dithon« ein. Sofort öffnete sich eine Seite, von der ihm aus der rechten oberen Ecke das Lächeln des Weißhaarigen entgegenstrahlte. Der Name Thomas Dinker-Thon wurde hier zwar nirgends erwähnt, auch nicht Nana Templin, aber auf dieser Seite konnte Bernhard lesen, dass Tom Dithon, der Regisseur von »Hass und Liebe« war, dieser unsäglich dämlichen Vorabendserie für Teenager. Und die passte so gar nicht zu Bernhards Erinnerung an seinen ehemaligen Mitschüler.

Arafats Blick wanderte aufmerksam und konzentriert zwischen dem Bildschirm des Notebooks und dem Gesichtsausdruck seines Zweibeiners hin und her, damit ihm nicht die geringste Regung entging und er notfalls sofort in irgendeiner Weise hilfreich eingreifen konnte.

Bernhard las sich weiter durch den Text in der Wikipedia und stieß dort auch auf die Information, dass Tom Dithon in Kurzenhagen bei Hannover geboren war *und* aus Bernhards Jahrgang stammte. Der neugierige Journalist schob Arafats Kopf beiseite, stand fassungslos auf und ging in seinen begehbaren Wandschrank, wo er eine Haushaltsleiter aufklappte und sie bestieg. Aus dem obersten Regalfach holte er eine bereits zerfleddernde Kiste, brachte sie zum Schreibtisch, wühlte ein paar alte Fotos heraus, setzte sich und sah sie sich an. Dafür kramte er extra eine Lupe aus seiner Schreibtischschublade und verglich mit ihrer Hilfe noch einmal die alten Fotos und das Bild auf dem Monitor.

Dann brach es aus ihm heraus: »Ich – fass – es – ja – nicht! Der ist das wirklich! Dieser Typ hat sich so 'n Vollweib wie die Templin geangelt. Unglaublich!«

Arafat wusste, wann es nötig war, Seelenbalsam anzuwenden. Er hatte ein ausgesprochen feines Gespür für ramponierte Egos und legte tröstend seinen Kopf auf B.R.D.s Oberschenkel.

• <> •

Während draußen zur Abwechslung mal wieder die Sonne schien, schien Linda zur Abwechslung mal wieder wirklich arbeitend an ihrem Bürotisch zu sitzen. Der andere Schreibtisch war wie üblich unbesetzt, sodass sie frei agieren konnte. Konzentriert starrte sie auf den Bildschirm. Über ihrer Alibi-Arbeitsdatei hatte sie eine Mail von Franziska geöffnet und las sie sich leise vor: »Hey Engelchen, die Geschichte mit deinem Sportlehrer tut mir leid. Aber du weißt ja: so sind die Männer. Nicht frusten lassen, sondern Kopf hoch und den nächsten anpeilen, falls du das nicht schon längst wieder getan hast!«

Linda nickte, natürlich hatte sie inzwischen einen weiteren vergeblichen Versuch hinter sich, einen neuen Ehemann zu ergattern. Sie druckte Franziskas Mail und die zwei Anhänge, ein Foto und eine Liste, aus und stellte ein kleines Kofferradio an, aus dem gerade alte Hits aus den Sechzigern und Siebzigern vor sich hin dudelten. Mit der ausgedruckten Mail ging sie zum Fenster und öffnete es, um den wenigen Golfern zuzusehen, die sie von hier aus beobachten konnte. Dabei las sie sich mit halber Aufmerksamkeit weiter Franziskas Mail vor: »Caro hat mir eine aktualisierte Adressenliste gemailt, siehe zweiter Anhang. Sie haben jetzt fast alle neuen Adressen herausgefunden, nur nicht die von Mecki Graf.«

Linda überlegte: Mecki, war das nicht dieser perverse Arztsohn, der ständig mit dem Stethoskop seines Vaters rumgelaufen war? Sie vermutete, dass dieser Psychopath nur deswegen nicht gefunden werden konnte, weil er inzwischen auf der geschlossenen Station irgendeiner Psychiatrie gelandet war – und das hoffentlich fest eingeschnürt in einer Zwangsjacke!

Linda fuhr mit Franziskas Mail fort: »Und Caro hat die Buschtrommel geschwungen: Hardi Wehn vom Getränkehof ist Fotograf geworden und Bernhard natürlich Journalist, wie es ja zu erwarten war, in der Familie. Aber er arbeitet eben nicht in Kurzenhagen und für die Mopo, sondern für eine links-alternative Hamburger Lokalzeitschrift.« Das erstaunte Linda überhaupt nicht: Wer es im Theater und Film zu nichts brachte, wurde Kritiker oder Journalist. Und für mehr als was Lokales hätte es bei dem Loser auch sowieso nicht gereicht.

Linda konzentrierte sich wieder auf die Mail und lauschte Franziskas imaginärer Stimme: »Rudi gilt trotz Heirat und zweier Kinder weiterhin als der größte Schürzenjäger der Kurzenhagener Umgebung. Olli ist Personalchef bei den ›Werkzeug Werken Hannover‹. Otwin wohnt immer noch bei seinen Eltern. Caro führt in Kurzenhagen ein privates Tierheim, aber davon hatte ich dir, glaube ich, schon mal erzählt. Und Thomas Dinker-Thon ist Regisseur geworden.«

Linda kicherte: Dieser jodelnde Softie war Regisseur? Na, der machte bestimmt solche merkwürdigen, abstrakten Experimentalfilme, die keine Sau verstand. Oder irgendein schwer zu verdauendes, deprimierendes Psychozeugs.

Linda schüttelte sich bei diesem Gedanken und wandte ihre Aufmerksamkeit wieder Franziskas Mail zu: »Nach der gestrigen Vernissage, werde ich morgen früh Richtung Venedig fliegen. Es geht mir blendend. LG, F.« Linda beobachtete einen der Golfer bei einem äußerst elegant ausgeführten Abschlag und zog anerkennend eine Augenbraue hoch, obwohl sie vom Fenster aus nicht sehen konnte, wo der abgeschlagene Golfball landete, und blickte auf die Mail zurück. Sie kam bei Franziskas Postskriptum an: »P.S.: Thomas nennt sich jetzt Tom Dithon und ist der Regisseur bei HUL.«

Lindas Aufmerksamkeit wandte sich abrupt von den Golfern auf den weiten Rasenflächen ab und kehrte in den Büroraum zu Franziskas Mail zurück. Wie bitte? – Sie konnte nicht glauben, was sie da las. Thomas Dinker-Thon machte keinen komplizierten Psychomist, sondern HUL? Diese Mimose? Mann, musste der sich aber verändert haben!

Linda überflog kurz die Adressenliste, schnitt sorgfältig die Ausdrucke der Mail und des Fotos aus dem anderen Anhang aus, klebte die Ausschnitte als Vorder- und Rückseite zusammen und steckte sie danach als neue »Ansichtskarte« an die Pinnwand. Das Foto zeigte Franziska mit ausgebreiteten Armen auf dem Hollywood Boulevard in Los Angeles vor dem berühmten »Kodak Theater«, in dem die Oscar-Verleihungen stattfanden und das neuerdings »Dolby Theater« hieß, über die Sterne des Walk Of Fame tänzeln. Und aus dem kleinen Radio erklang sanft Led Zeppelins Eingangsriff aus »Stairway To Heaven«.

Als Linda an diesem Abend in ihre kontrastreich gefärbte Wohnung zurückkam, stürzte sie sofort zu einem Stapel mit Zeitschriften, sah sie kurz durch, zog eine »Galant« daraus hervor und blätterte, bis sie ein Foto von Tom Dithon und Nana Templin fand. Es zeigte die beiden in Galakleidung bei der Verleihung eines Filmpreises für HUL. – Deswegen also hatte Linda ihn nie erkannt, obwohl sie regelmäßig die »Galant« und ähnliche Zeitschriften konsumierte. Mit seinem Silberhaar war er einfach nicht mehr wiederzuerkennen. Aber auch sonst nicht. Mit dieser eleganten Kleidung hätte Linda niemals einen Thomas Dinker-Thon identifiziert. Und keinesfalls zu solchen Anlässen wie einer Filmpreisverleihung.

Umso erstaunter war Linda jetzt. Wow, was hatte dieses Sensibelchen aus sich gemacht! Und von seiner dauerpubertären Jodelstimme dürfte dann ja wohl ebenfalls nichts mehr übrig geblieben sein, oder? Zumindest war es für Linda unvorstellbar, dass man mit so einer Stimme ausgerechnet beim Film etwas werden konnte. – Ob den wohl der Ruhm auch zum kalten Egomanen gemacht hatte? Oder gab es das vielleicht doch: einen Mann, der trotz Erfolg sensibel, aufmerksam und feinfühlig blieb?

Linda begann zu träumen. Sie stellte sich vor, wie sie mit ihrem reifen und feinfühligen Tom auf einem Jeep durch das australische Outback düste und im Flugzeug über den Atlantik nach Kuba flog und auf einem Schiff unter der Brücke und vor der Oper von Sydney kreuzte und natürlich auch über die Sterne der Stars auf dem Hollywood Boulevard tanzte. – Mit einem Regisseur hatte sie noch nie etwas gehabt, erst recht nicht mit einem erfolgreichen und bekannten. Nach Bernhard und Jim wollte sie eigentlich nie wieder einen dusseligen Künstler an sich ranlassen. Aber die beiden waren ja damals jung und unreif gewesen und hatten noch keine so edlen silbernen Haare wie Tom Dithon gehabt. Ein Regisseur wäre also glatt mal was ganz Neues. Und das Allertollste war, dass Linda ihn bereits persönlich kannte, eine private Mailadresse von ihm besaß und sich bestens daran erinnern konnte, wie Thomas sie früher immer angeschmachtet hatte!

Bernhard Rainer Daubner, Jim Kahn, Werner Hohmann und Heiko May – auf dem Weg zur Arbeit ließ Linda am nächsten Tag ihre Ex-Ehemänner Revue passieren. Mit ihrem schicken Porsche – dem einzig positiven Überbleibsel aus ihrer Beziehung mit Sänger Jim, der Flasche – fuhr sie aus der Stadt raus und bei offenem Verdeck und blendendem Sonnenschein ihre längere, aber schönere Lieblingsstrecke über eine Landstraße durch aufblühende Frühlingslandschaften zum Golfplatz. Dabei überlegte sie, dass es vielleicht ihre Bestimmung gewesen sein könnte, diese ganzen Flops der letzten Jahrzehnte erleiden zu müssen. Vielleicht hatte sie nur nicht auf den wahren Ruf ihres Schicksals gehört, immer nach den falschen Männern gesucht und den richtigen nicht gesehen, weil er ihr so nahe gewesen war? – Nix mehr May, nix mehr Hohmann, nix mehr Kahn, Daubner oder Engel, alles vergangen und vergessen. Linda Dithon: das klang sogar richtig gut!

Ihr roter Flitzer passierte eine alleinstehende alte Scheune, auf deren Regenrinne ein paar Tauben turtelten und dabei den wohlbekannten Vers vom Blut im falschen Schuh zu gurren schienen. In der Ferne verschwanden Linda und ihr Porsche hinter einem goldblühenden Rapsfeld.

•• <> ••

EIN FLOTTER DREIER, DREI SCHLIMME PS UND FÜNF TOTE STATISTINNEN

Die Filmcrew von HUL war heute etwas früher als üblich fertig geworden und hatte bereits ihre Sachen zusammengepackt. Tina und Alexandra verabschiedeten sich als Erste. Tom, Emel, Dorothee, Achim und der Kameramann diskutierten aber erst noch intensiv über die politische Weltlage, bevor auch sie sich wieder auf den Weg in den »Roten Kater« machten.

Emel schüttelte ihren Kopf. »Ick versteh det eenfach nicht: entweder will ick meine Leute ausbeuten, denne muss ick se doch vorher ooch füttern und pflegen, sonst hab ick da nüscht mehr, wat ick ausbeuten kann. Aber wenn ick se ooch noch abschlachte, denne hab ick ja jar nüscht mehr, wat ick ausbeuten oder wovon ick profitieren kann!«

»Ja, Ömmel«, Achim klopfte Emel auf die Schulter. »*Du* bist ja auch umsichtig, intelligent und vernünftig und denkst vorausschauend, logisch, praktisch und vor allem *rational* – im Gegensatz zu solchen Kanaillen wie Assad oder denen in Nord-Korea.«

Dorothee konnte sich ihren Kommentar ebenfalls nicht verkneifen. »Glaubst du wirklich, dass die *denken*?«

Achim grinste frech: »Nicht ich glaube das, sondern *sie selber* glauben, sie würden denken. Und wenn die Amis nicht aufpassen, dann kommen sie da auch bald an: Wenn die wirklich ›denken‹, sie müssten so einen rechts überholenden Neoliberalisten wie Schröder überwachen, weil der vielleicht mit dem Iran oder sonst einem ›schlimmen Feind‹ der USA taktieren könnte, dann zeigt das doch, wie sehr ihre Wahrnehmung der Realität getrübt ist. Bei *dem* Ausmaß an Realitätsverlust wird die Paranoia ja schon plastisch greifbar!« Achim war in Fahrt und holte nur kurz tief Luft, um weiter zu wettern: »Und einerseits schieben die Amis Paranoia vor zu viel Einmischung des Staates in ihr individuelles Privatleben und verhindern damit eine sinnvolle Krankenversicherung. Aber wovor sie wirklich Schiss haben sollten, nämlich die völlig aus dem Ruder gelaufene paranoide Kontrolle ihres individuellen Privatlebens durch die NSA, den Staat und die dahinter stehenden Konzerne, das kümmert sie nicht.« Achim tippte sich an die Stirn. »Das ist nicht mehr nur irrational, das ist schon richtig irre: voll schizo! Viel rationaler als die Syrer und Koreaner sind die blöden Amis jedenfalls nicht mehr. Und dann kommen sie mit ihren Scheiß transatlantischen und transpazifischen Handelsabkommen, um ihren Großkonzernen auch noch zu ermöglichen, die Ausbeutung und Vergiftung der Welt im globalen Maßstab einklagen zu können. – Na, danke!«

Niemand reagierte auf Achims leidenschaftlich hinausposaunte Weltanschauung, denn in diesem Moment erschien eine dünne, gebeugt gehende, türkische Putzfrau in schäbiger Kleidung und mit einem tief ins Gesicht gezogenen Kopftuch, die aber mit ungebeugtem, jugendlichem Elan den anderen zurief: »Okay Ladies, same procedure as every evening. Ich bin dann so weit. Geht schon mal vor, ich komme gleich nach!« Der verkleidete Dennis machte mit seiner schäbigen Kleidung einen betont weiblichen Hüftschwung und verschwand allein in Richtung Hinterausgang.

Achim stöhnte auf: »Mann, der sollte sich langsam mal eine andere Strategie ausdenken. Irgendwas, um die Mädels da draußen auf Dauer abzuwimmeln, statt sich hier jeden Abend in Weiberklamotten durch den Hinterausgang rauszuschleichen. – Wozu ist er Schauspieler?«

»Du kannst ihm ja mal was vorschlagen, du hast doch immer so viele Ideen!« Auch Tom verabschiedete sich, zumindest vorläufig, von seiner geliebten Crew: »Okay Leute, vielleicht komme ich gleich nach. Wenn nicht, dann bis morgen.«

Tom besaß zwar ein Handy, nutzte es aber nur äußerst widerwillig und selten, und zur Arbeit nahm er es schon gar nicht mit. Wer ihn dort erreichen wollte oder musste, konnte ihn offiziell in den Studios anrufen. Die Kollegen des NSB boten den notwendigen Filter, um ihm unliebsame und überflüssige Telefonate vom Hals zu halten. Nur Nana legte keinen Wert darauf, ihre Mitteilungen an Tom über das NSB zu tätigen, da sie ihn nur selten selber an den Apparat bekam und ihm Privates nicht durch andere ausrichten lassen wollte. Dass sie sich ihm also meistens nur über seinen Festnetzanschluss mitteilte, war zwar etwas umständlich. Da Tom aber gleich neben dem Studiogelände wohnte, war ihre Kommunikation untereinander wenigstens mit einem nur geringen Aufwand verbunden.

Er eilte nach Hause, wo er ohne vorher die Jacke auszuziehen seinen Anrufbeantworter abhörte, der zwei Nachrichten für ihn bereithielt. Die Erste war von Carola: »Hallo Thomas, wir haben jetzt fast alle Ehemaligen zusammen. Eine aktualisierte Adressenliste findest du im Anhang meiner Mail. Und Olli und ich sind mit den Planungen für das Treffen fertig. Saft, Wein, Bier und so weiter werden wir wieder mal beim Getränkehof Wehn kaufen: wie in alten Zeiten. Wir hören oder lesen voneinander, bis denne, Caro!«

Die zweite Nachricht war von Nana: »Hey Tom, aus heute Abend wird nichts, tut mir leid. Vielleicht bis morgen, tschü-üs!«

Tom ließ weiter seine Jacke an, schaltete gedankenverloren sein Radio ein, in dem gerade Janis Joplins berühmte Coverversion von George Gershwins »Summertime« erklang, ging in seine Arbeitsecke, warf den Hausschlüssel auf den Schreibtisch, ließ den Computer hochfahren und sah im Stehen nach seinen Mails. Die Erste war von Bernhard, der nun alles Mögliche über Toms Arbeit und das NSB wissen wollte. Tom klickte die zweite Mail von Carola auf. Darin hatte sie aber nur noch einmal das Gleiche geschrieben, was sie ihm auch schon über den Anrufbeantworter mitgeteilt hatte. Die Liste aus dem Anhang ließ er ausdrucken und las sie sich dann laut vor: »Barowsky, ehemals Ahrens; Beyer; Böhme; Brenneke, ehemals Braun; Daubner; Dinker-Thon; May, ehemals Engel —«Toms Stimme fluppte unkontrolliert hoch ins Kopfregister, bis er sich mittels Räuspern, Aufrichten seines Körpers und bewusster Aktivierung seiner Zwerchfellatmung wieder gefasst hatte. Tom leierte geistesabwesend die weiteren Namen runter: »Hillebrecht; Hoffmann; König; Müller; Nennmann; Hettig, ehemals Pfaff; Reinert; Salinger; Specht; Specht, ehemals Sperling —« An dieser Stelle unterbrach ihn das Signal einer neu eintreffenden Mail. Tom blickte zum Computer und erstarrte. Dann zog er doch noch seine Jacke aus, hängte sie über die Lehne des Schreibtischstuhls, setzte sich und klickte so vorsichtig die Mail mit dem Absender »linda.may@may-golf.de« auf, als könnte sie ihn anspringen und in die Magengrube treten, ihm das Gesicht zerkratzen oder ihn beißen. Oder viel schlimmer: ihn ignorieren und komplett wie Luft behandeln. Aber die Mail tat natürlich weder das eine noch das andere, sondern ließ sich ohne Probleme öffnen. Halblaut las er sich den Text vor: »Lieber Thomas, du weißt sicher auch schon über unser Klassentreffen Bescheid. Ja, die Schulzeit — was waren wir damals dumm und unerfahren! Seitdem ist einige Zeit vergangen und ziemlich viel passiert. Und das dürfte wohl bei uns allen seine Spuren hinterlassen haben. Ich arbeite jetzt als Sekretärin auf einem Golfplatz bei München. Der Platz gehört meinem Exmann Heiko May und der Job ist zwar nicht sonderlich anspruchsvoll, aber ziemlich angenehm. Und was machst du so? Ich habe leider nie wieder etwas von dir gehört – was ich bedauere, weil ich immer den Eindruck hatte, dass du wesentlich einfühlsamer warst als die anderen Machos in unserer Schule. Ich hoffe, du hast einen Job gefunden, der dich ausfüllt und dir Spaß macht. Lass doch mal was von dir hören oder lesen! Ich bin schon gespannt auf das Treffen und hoffe, dir geht es gut. Liebe Grüße, Linda Engel.«

Tom stand auf, ging ans Terrassenfenster und blickte sinnierend in seinen Garten. »No, no, no, don't you cry!«, befahl Janis Joplin zärtlich in die beginnende Dämmerung, bevor im Radio die letzten sirrenden Obertonfrequenzen ihrer Stimme zu den ersten Gitarrenklängen von Dave Masons »Feelin' Alright« überblendeten.

Nachdem Bernhard mit Arafat von seiner abendlichen Gassi-Runde entlang der Hafenpromenade zurückgekehrt war, setzte er sich sofort an sein Notebook und fing an konzentriert zu tippen. Die frische Luft hatte seinen Geist angeregt.

Doch Arafat stupste ihn mahnend mit seiner Schnauze ans Knie: »Hey, das ist ja ein Artikel über den FC St. Pauli. Wolltest du nicht den Kommentar zur erneuten Kosten-explosion beim Bau der Elbphilharmonie schreiben?«

»Ach, dafür habe ich doch noch massig Zeit!«, versuchte Bernhard die Dogge zu besänftigen.

Arafat schüttelte ansatzweise missbilligend seinen Kopf. »Rike würde dich jetzt wieder einen Kulturmuffel nennen, weil du dich außer für Politik nur noch für Fußball interessierst.«

»Ja, sie ist fast so schlimm wie die blöde Kuh mit ihrem elitären Kulturgetue, nur um Fräulein von und zu Lauenstein in den Arsch zu kriechen. Die hatten auch beide kein Verständnis für die Ernsthaftigkeit gesellschaftskritischer Arbeit! Und wenn andere Leute sich mit politischen Themen nur darstellen wollen, so wie Olli und Rudi, dann ist das deren Sache.« Bernhard schlug sich auf die Brust: »*Ich* mach so was nicht!«

»Weil das dekadenter Zeitvertreib oder bourgeoiser Spielkram wäre?«

»Genau!« Bernhard war wirklich stolz darauf, seinen Prinzipien treu geblieben zu sein.

»Und deswegen schreibst du jetzt einen Artikel über Fußball?«

Bernhard widersprach. »Nein, nicht nur über Fußball, sondern über den FC St. Pauli. Und den Verein gegen diese anderen Snobs zu unterstützen, ist was Politisches. – Aber Dicker, davon verstehst du nichts. Also, halt dich da raus!«

Arafat nickte zustimmend. Davon verstand er in der Tat nichts, absolut gar nichts. Er war ja nur ein dummer Hund. Also legte er sich zu den Füßen seines Zweibeiners ab und hoffte darauf, dass irgendwann einmal wieder von allein irgendetwas Aufregendes passieren würde. Allerdings hegte er keinen besonders ausgeprägten Optimismus, dass sich seine Hoffnung auch realisieren würde, solange er hier mit B.R.D. allein in der Wohnung blieb.

Die Dogge entspannte sich, um zu dösen und vor ihrem inneren Auge entstand ein Traumbild. Sie sah ihren Zweibeiner durch das Universum schweben, umgeben von lauter Wortbeiträgen und Artikeln, die ihn umkreisten wie Planeten ihre Sonne. Arafat überlegte, dass B.R.D. durchaus in der Lage war, brillante Texte zu schreiben. Vorausgesetzt das jeweils zu bearbeitende Thema besaß genügend emotionale Distanz zu seinem Zentralgestirn, sodass dessen Ratio nicht gleich wieder an seiner eigenen Hitze verglühte. Bei einem Thema wie »Weibchen Nummer eins« war der Zweibeiner persönlich betroffen. Damit stand es seiner Gefühlswelt viel zu nahe, um brillante Gedanken entstehen zu lassen. An solchen Themen verbrannte sich B.R.D.s Ratio regelrecht ihre Finger. Andererseits durfte das Thema gefühlsmäßig auch wieder nicht zu weit entfernt um seinen strahlenden Mittelpunkt kreisen, weil es dort draußen so kalt und dunkel war, dass die Ratio unbeweglich und somit funktionsuntüchtig wurde. Wenn die Gedanken vor lauter Gefühlskälte einfroren, kam beim Denken nur solcher Murks heraus wie neulich zu den Genpatenten.

Arafat kannte B.R.D. sehr genau. Er wusste, dass sein Zweibeiner sich ehrlich bemühte, ein guter Journalist zu sein. Aber wie für das Leben auf Planeten in jedem Sonnensystem war eben auch die habitable Zone für Brillanz in B.R.D.s Denken leider nur ziemlich beschränkt. »Welche Verschwendung von Energie!«, schnaufte Arafat. Resignierend stieß er noch einen Seufzer von sich und schlief ein.

• <> •

Als Bernhard eine Weile später mit seinem Artikel fertig war und ihn durchs Internet verschickte, entdeckte er zwei neue Nachrichten. Die erste Mail von Tom Dithon überflog er scheinbar desinteressiert und schimpfte lauthals vor sich hin: »Es ist ein Jammer, dass dieser Typ seinen Intellekt für diesen verblödenden Serienmüll verschwendet. So etwas ist ja schon verwerflich!«

Arafat hob den Kopf und rappelte sich wieder auf seine vier Pfoten. Sein Alphaweibchen machte ihm weniger Sorgen, aber die seltsame Seele ihres Männchens funktionierte manchmal auf recht komplizierte Art und Weise: Da hatte Arafat ihm nun schon Trost gespendet, aber trotzdem benötigte B.R.D. noch zusätzliche Streicheleinheiten? Denn mehr als Selbstgeschmuse war es doch nicht, wenn er lauthals darüber lamentierte, womit sich sein Klassenkumpel beruflich beschäftigte, obwohl es ihn weitaus mehr bewegte, dass sich Thomas so eine Top-Tussi wie die Templin geangelt hatte. Offenbar war Arafats Zweibeiner tiefer getroffen, als er es nach außen zeigte, wenn er sich solche Mühe machte, sein Lamento von seinen wirklichen Gefühlen weg auf offensichtlich weniger Interessantes zu lenken: Jammern ja, aber bitte schön am eigentlichen Inhalt vorbei!

Arafat begann zu ahnen, dass im Männchen seines Alphatieres ein subtiler Prozess im Gange war, nämlich die Verdrängung kritischer Selbsterkenntnis, um dem unangenehmen Gefühl der Scham zu entkommen. Scham über die eigene Arroganz gegenüber einem scheinbar Schwächeren. Scham darüber, dass ausgerechnet der Mitschüler, den B.R.D. immer für die unerotischste Niete aller Zeiten gehalten hatte, heute mit einem hyperangesagten und prominenten Traumweibchen liiert war. B.R.D. hatte Thomas Dinker-Thon zwar auch schon zur Schulzeit wenigstens Intelligenz, Ernsthaftigkeit und Tiefsinn zugestanden – vielleicht sogar mehr als sich selber. Und um sich dieses nicht eingestehen zu müssen, hatte sich B.R.D. damals allein auf Thomas' vermeintliche Schwächen konzentriert. B.R.D. wäre doch nie auf die Idee gekommen, ausgerechnet diesen unsicheren Eunuchen mit seiner albernen Fistelstimme als ernsthafte Konkurrenz im Kampf um die Gunst der Weibchen betrachten zu müssen. Doch nun hielt Arafats Zweibeiner es sogar für möglich, dass Thomas schon damals intelligent genug gewesen war, sich solch einen Frust zu ersparen, wie er selber ihn dann mit seinem ersten Weibchen in Berlin und München erlebt hatte. Der »alberne Eunuch« war jedenfalls um überflüssige Erfahrungen mit der »blöden Kuh« herumgekommen.

Arafat schüttelte sich innerlich und war froh, selber keiner dieser Zweibeiner zu sein. Mit ihren komplizierten Mechanismen wie Verdrängung, Projektion oder Sublimierung hatten sie wirklich Probleme, auf die er gut und gerne verzichten konnte. Er spürte, dass es B.R.D. höllisch peinlich war, nach seiner ganzen Angeberei nun selber als dummer Verlierer dazustehen. Arafat spürte auch, wie unglaublich blöde und dämlich sich sein Zweibeiner dabei vorkam. Und das war kein schönes Gefühl! Arafat begriff, wie dringend hier noch ein wenig mehr Seelenbalsam nötig war. Er legte B.R.D. seinen Kopf auf die Oberschenkel und sah ihn mit einem mitleidvollen Blick an.

Arafat tat das allerdings nur aus Langeweile. Um etwas zu tun zu haben. Irgendetwas Sinnvolles. Er fühlte sich selber gut dabei. Wenn es nur nach ihm gegangen wäre, hätte er ganz andere Sachen gemacht. Immer nur Herumliegen, Dösen und Zweibeiner trösten fand er auf Dauer ziemlich langweilig. Er war schließlich keine Katze, sondern ein Hund. Und er war groß, eigentlich viel zu groß für diese kleine Wohnung. – Aber es ging leider nicht nach ihm!

Bernhard öffnete die Mail von Carola Hoffmann, überflog sie ebenso schnell wie die von Thomas und klickte sich dann in den Dateianhang mit der Adressenliste. »Hör dir das an, Dicker.«

Arafat hob nur ein Auge leicht an.

»Die blöde Kuh hat 'nen neuen Nachnamen, aber immer noch unsere Adresse. Das heißt, dies Weibsstück wohnt jetzt mit einem anderen Macker in meiner alten Wohnung! Typisch, die krallt sich auch alles!« Bernhard fuhr mit dem Finger über die Namen in der Liste. »Nur diesen sadistischen Tierquäler haben sie noch nicht gefunden. – Den sollten sie mal bei der Polizei suchen! So einer wie der kann doch nur ein Bulle werden.«

• <> •

Nach einem erneuten aufregenden und anstrengenden Arbeitstag am Set von HUL gingen Achim, Dennis, Dorothee, Emel und der Kameramann langsam dem Hauptausgang ihrer großen Studiohalle entgegen. Mit etwas Abstand folgten ihnen Tom und Alexandra.

Toms Gang war ungewohnt beschwingt. »Alex, ich würde nächste Woche gerne schon am Mittwoch nach Kurzenhagen fahren. Es ist ziemlich lange her, dass ich Ulli das letzte Mal gesehen habe.«

Alexandra runzelte die Stirn. »Stehst du nicht mehr auf Kriegsfuß mit deiner Schwester?«

»Ach, auf Kriegsfuß haben wir nie gestanden. Das Verhältnis war nur noch nie besonders eng. Aber wenn ich sowieso zum Klassentreffen da bin, könnte ich das auch gleich mit einem Familienbesuch verbinden.« Toms Beschwingtheit war ihm für einen Moment abhandengekommen, aber nur für einen kurzen. Der Regisseur von HUL gewann sie sofort wieder zurück. »Glaubst du, du wirst mal zwei Tage allein damit fertig, falls irgendwas schief laufen sollte – oder wenn Achim seinen üblichen Mist baut?«

Alexandra sah Tom zweifelnd an und schmiss ihren Tonfall in dramatisierende Schale: »Oh mein Gott, ich soll hier ganz alleine mit diesem Chaos fertig werden?« Tom grimassierte über ihre Ironie, sodass auch sie lachte: »Nein, keine Sorge, ich habe alles im Griff. Fahr ruhig! – Kommst du heute mit in den ›Roten Kater‹ oder willst du an deinen Skripten arbeiten?«

»Wenn Nana wegbleibt, komme ich nach.« Tom deutete irritiert mit dem Kopf auf Dennis. »Seit wann traut der sich denn wieder ohne Verkleidung vom Gelände?«

Alexandra senkte ihre Stimme zu einem verschwörerischen Flüstern. »Ich glaube, der will heute Achims neue Strategie gegen lästige Fans ausprobieren.« Tom sah Alexandra fragend an, doch sie zuckte nur grinsend die Schultern. »Keine Ahnung, was das wird. Aber da es von Achim kommt, könnte es spannend werden – oder wenigstens unterhaltsam.«

Tom fing an zu pfeifen und hielt seiner Aufnahmeleiterin galant die Tür auf.

Vor dem Eingang zum Gelände des NSB wurde die HUL-Crew schon sehnsüchtig von den Teenagern erwartet, die sofort zu kreischen begannen, als sie Dennis entdeckten. Aber der zuckte diesmal nicht wie sonst verschreckt zusammen, sondern ging forsch auf die Mädchen zu und grinste sie auffordernd frech an. »Okay, Schwestern. Heute hätte ich mal Zeit für 'nen flotten Dreier. Und ich steh voll drauf, wenn mir einer geblasen wird. Da könnt ihr gerne den alten Werbebegriff vom ›In-Mouth-Entertainment‹ wiederbeleben und ihm eine ganz neue Bedeutung zukommen lassen, oder meinetwegen auch der lieblichen Linda in ›Deep Throat‹ Konkurrenz machen. – Ganz wie es euch beliebt.«

Dennis wartete auf eine zustimmende Reaktion, aber die Mädchen reagierten nur verständnislos oder mit betretener Wortlosigkeit.

Eine von ihnen blickte verunsichert vom Schweigen der anderen in die Runde: »Ist das ein Film: ›Deep Throat‹? Und kennt *ihr* die liebliche Linda?«

Ihre danebenstehende ältere Freundin stupste sie mit dem Ellbogen an und flüsterte leise: »Sch! Erkläre ich dir später.«

Als außer leisem Tuscheln keine weitere Reaktion erfolgte, verabschiedete sich Dennis gespielt resigniert von seinen Fans: »Na, dann eben nicht!« Er wandte sich wieder ab und der HUL-Crew zu und nuschelte leise und nur für seine Freunde hörbar: »Das haben wir nun davon: Das Schweigen der Belämmerten!«

Einige der Mädchen waren inzwischen so knallrot angelaufen, dass es sogar in der beginnenden Dämmerung noch deutlich zu sehen war, andere wandten sich angewidert ab. Dorothee schüttelte grinsend ihren Kopf. Achim summte übertrieben unschuldig vor sich hin. Alexandra und der Kameramann schmunzelten sich gegenseitig an. Emel verbarg ihr Gesicht an Achims Schulter und versuchte krampfhaft, ihr Kichern zu unterdrücken. Dennis zeigte Achim heimlich einen hochgehaltenen Daumen und Tom winkte den anderen zum Abschied und ging pfeifend nach Hause. Die Mädchen standen steif und wie angewurzelt herum und keins von ihnen lief dem sich entfernenden Team von HUL hinterher.

• <> •

Als Tom pfeifend zu Hause ankam, stand Nana auf der Terrasse und verteilte Anti-Mückenlichter um einen Tisch und zwei Korbsessel.

Tom war überrascht, denn Nana kam sonst, wenn überhaupt, erst am späteren Abend. Je nach Drehablauf lohnte es sich für sie manchmal noch, für die Nacht von ihrem Drehort auf dem Lande zu ihm in die Stadt reinzufahren, meistens aber eben auch nicht. Das entschied sich immer jeweils während der Arbeit. »Hey, was machst du denn jetzt schon hier?«

»Ach Tom«, Nana zog eine betrübte Miene, »wir hatten heute einen grauenhaften Unfall: Fünf unserer Statistinnen sind tot!«

»Was?« Tom sah sie entsetzt an.

Nana umarmte Tom, um ihn endlich richtig zu begrüßen, schließlich hatten sie sich einige Tage nicht mehr gesehen. Und sie klammerte sich an ihn, um sich trösten zu lassen. »Die Halterung der Oberlichter im Stall ist gebrochen. Grit und Anastasia sind von den riesigen Scheinwerfern erschlagen worden. Und Moni, Irene und Thea wurden vom Gestänge so schwer verletzt, dass man ihnen nur noch den Gnadenschuss geben konnte. Nur Elsi hat leicht verletzt überlebt.«

Tom hielt Nana tröstend im Arm und begriff, welche der Statistinnen nach diesem fürchterlichen Unfall das Zeitliche gesegnet hatten. Mit einem nur ganz leicht dramatischen Unterton hauchte er sinnierend: »Oh! – Und da half dann nur noch der Gnadenschuss. – Wie schrecklich!«

»Ja, und das alles nur für so einen blöden Film! Es war wirklich furchtbar!«

Tom schaltete von seinem pseudodramatischen Tonfall um auf pure Ironie: »Tja, eben Schwein oder nicht Schwein. Da bekommt doch der Titel eures Films durch diesen *grausamen Schicksalsschlag* einen ganz neuen, tieferen, dramatischeren Sinn. – Sorry, du hast ja heute fünf ›Kolleginnen‹ verloren! – Monika, Irene, Dorothea und so. Hat der Bauer die Viecher so genannt?«

»Nee, die Namen kamen posthum von Hauruck.«

»Natürlich, von Hauke! – Und, werdet ihr jetzt den fünf Toten im Abspann euren Film widmen?«

Nana antwortete nicht, grimassierte nur in seine Richtung und boxte ihm spielerisch in die Seite.

Eine Weile später saß Tom bereits gemütlich auf der Terrasse und Nana kam mit einem Computerausdruck aus dem Haus. »Diese Mail ist von ›Brigitte Monroe‹?«

Tom nickte nur stumm.

»Aha. Haben Carola und Oliver jetzt eigentlich alle ausfindig machen können?«

»Alle, bis auf Mecki Graf.«

»Der Stethoskop-Sadist?« Nana setzte sich zu Tom.

»Ja, genau, der.« Tom nickte.

»Was wird aus dem wohl geworden sein?«

»Keine Ahnung.« Tom winkte ab. »Vielleicht eins von den drei Ps? Das sind doch immer die Schlimmsten.«

»Drei Pehs?« Nana sah Tom fragend an.

»Na, ein Pädagoge, Psychologe oder Pastor.«

• <> •

Am Morgen nach drei arbeitsfreien Tagen stürmte Linda in ihr leeres Büro, stürzte sich neugierig auf ihren Computer und wartete ungeduldig, bis er endlich hochgefahren war. Persönlich hatte sie nie einen Computer gebraucht, sich also auch nie einen angeschafft. Aber im Moment verfluchte sie den Umstand, dass sie zu Hause keinen Zugang zum Internet besaß und immer nur vom Büro aus mailen konnte. Als sie ihre Mailbox öffnete und zwei neue Nachrichten darin entdeckte, ging ein Leuchten über ihr Gesicht, denn die eine war von Franziska und die andere von Tom Dithon. Doch bevor Linda die beiden Mails las, spannte sie sich erst einmal auf die Folter, indem sie sich aus den ausgeschnittenen Ausdrucken von Franziskas Mail und deren Bildanhang, einer hübschen Nachtaufnahme des bunt beleuchteten Canale Grande in Venedig, eine neue »Ansichtskarte« zusammenklebte.

Als Linda sich aber diese erste Nachricht laut vorlas, verfinsterte sich ihr Gesicht plötzlich, denn Franzi schrieb darin, dass sie ein Landhaus bei Mestre gekauft hatte, um dort endgültig zu wohnen: »In den folgenden Monaten werde ich da noch Renovierungsarbeiten durchführen lassen müssen. Aber deine nächsten Urlaube und freien Tage kannst du gerne schon in Italien einplanen. Bis zum Wochenende werde ich jetzt noch ein Projekt in Cape Town begleiten. Zum Klassentreffen bin ich natürlich rechtzeitig zurück. Wenn du willst, kannst du das Wochenende in Kurzenhagen bei uns wohnen. LG, F.«

Franzi zog aus München weg? – Ihre beste Freundin verließ sie! Linda war zutiefst geschockt. Fast taumelnd ging sie zum Fenster und blickte hinaus, ohne aber wirklich etwas von den Golfern oder der Landschaft wahrzunehmen. In ihrem Kopf war ein Gefühl absoluter Leere, als würde er nur noch aus einem Vakuum bestehen, nachdem das Gehirn plötzlich rausgesaugt worden war. Dass Franzi damals nach München gezogen war, als Linda und Bernhard sich gerade voneinander trennten, war das Beste gewesen, was Linda je hatte passieren können. Ihre Männer gingen, doch Franzi blieb und gehörte fortan als Konstante in Lindas Leben. Und nun wollte ihre beste Freundin von ihr wegziehen? Bei diesem Gedanken durchfuhr Linda der grässliche Schauder, den man spürte, wenn man unbemerkt auf den Rand einer Fläche zugesteuert war, hinter der sich ganz plötzlich und unerwartet ein tiefer Abgrund auftat. Vor allem, wenn man sich diesem Rand mit so hoher Geschwindigkeit genähert hatte, dass es einem nun kaum mehr möglich war noch rechtzeitig abzustoppen.

Es fiel Linda schwer, sich wieder zu fassen. Nur sehr langsam wandte sie sich vom Fenster ab. Wie betäubt wankte sie aus ihrem Büro ins Café, holte sich einen extra starken Kaffee, kehrte an ihren Schreibtisch zurück und klickte sich apathisch in Toms Mail. Linda hoffte, Toms Nachricht würde sie nicht endgültig über den Rand in den Abgrund katapultieren, sondern vielleicht sogar irgendeine Notbremse bereithalten.

Beim ersten Durchlesen hellte sich Lindas Miene wieder ein wenig auf. Beim zweiten Durchlesen gewann Linda langsam ihre gewohnte Körperspannung zurück und beim dritten Lesen saß sie vor dem Monitor wie eine Deutschlehrerin beim Korrigieren eines Aufsatzes. Mit ihrem umgedrehten Stift zog sie auf dem Bildschirm die einzelnen Zeilen nach, während sie konzentriert Toms Nachricht studierte, analysierte und kommentierte: »So, er schreibt also nicht einfach nur ›*hallo* Linda‹, sondern ›*liebe* Linda‹! Aber er beschreibt sich als ›Dramaturg‹ mit ›netten‹ Kollegen. Und er schreibt nicht, dass er Regisseur ist – und dann auch noch der von HUL?!«

Linda überlegte, ob Tom wohl genauso gezielt seine Worte gewählt und Informationen lanciert hatte, wie sie selber in ihrer Mail. Schließlich hatte sie ihn darin glauben lassen, sie wüsste nichts von seinem Beruf als Regisseur »Tom Dithon« und seiner Arbeit bei HUL. Er sollte nicht denken, dass sie sich nur an ihn ranmachte, weil er jetzt ein erfolgreicher und berühmter Promi war – wo sie sich doch hauptsächlich wegen seiner Feinfühligkeit für ihn interessierte! Aber er selber schien auch keinen Wert darauf zu legen, seine Berühmtheit und seinen Erfolg an die große Glocke zu hängen, wenn er es nicht direkt zur Sprache brachte.

Linda entwickelte beinahe Neid. Natürlich schafften es nur solche Upperclass-Kinder wie Tom in der sozialen Hierarchie bis soweit rauf, dass sie kein Namedropping mehr nötig hatten, sondern sogar mit dem eigenen berühmten Namen Understatement betreiben konnten. Aber dann fiel ihr wieder ein, dass es auch Tom mit einem »Scharfrichter« als Vater sicher nicht einfach gehabt haben musste. Vielleicht war es gar kein – in aller Arroganz gepflegtes – Understatement, wenn er ihr nichts von seiner tollen sozialen

Position erzählte? Früher hatte er jedenfalls nie zu den Angebern gehört. Möglicherweise – nein, sogar sehr wahrscheinlich war Tom so streng erzogen worden, dass er es sich gar nicht traute, mit seiner privilegierten Stellung anzugeben. Solch dumme Bescheidenheit hätte eher zu dem schüchternen Sensibelchen Thomas Dinker-Thon von früher gepasst. – Und trotzdem hatte er es zum erfolgreichen Regisseur geschafft: Wow! Lindas Neid verwandelte sich in eine gewisse Ehrfurcht vor ihrem ehemaligen Mitschüler. Aber ihre Aufmerksamkeit wurde auf einen anderen Aspekt in Toms Mail gelenkt: »Was denn, *der* mailt mit dem Loser? Nee, ne!« Für Linda war es unvorstellbar, dass jemand mit dem menschlichen Niveau eines Tom Dithons mit solch einer unsensiblen Niete wie ihrem ersten Exmann kommunizierte.

Linda war so beschäftigt mit ihrer Interpretationsarbeit, dass sie nicht bemerkte, wie sich die Tür öffnete und ihr Leider-Noch-Ehemann Heiko mit einem Aktenordner in der Hand ins Büro trat. Er blieb im Türrahmen stehen und lauschte einen Moment den Selbstgesprächen seiner Noch-Ehefrau, die leise, jedoch deutlich vernehmbar die Mail analysierte: »Der will schon am Mittwoch nach Kurzenhagen? – Shit, da bin ich doch noch am Arbeiten! … Mann, das ist kein distanziertes Blabla von einem Promi, sondern eine normale, persönliche Mail! – Aber dass der mit dem Loser mailt, ist doch echt unter seiner Würde!«

»Unter wessen Würde ist es, mit deinem ersten Ex zu mailen?« Heiko kannte seine Frau und ihre Meinung über seine Vorgänger und riss sie aus ihrer wissenschaftlich anmutenden Analyse. Er sprach zwar Hochdeutsch, ein restlicher Akzent seines Münchner Dialekts war jedoch nicht zu überhören. »Hast du in der letzten Zeit so wenig Kommunikation gehabt, dass du jetzt schon mit deinem Computer reden musst?«

»Ach Heiko!« Linda fuhr erschrocken zusammen, fasste sich diesmal aber wesentlich schneller als nach ihrem Schock über Franzis Ankündigung, aus München wegzuziehen. »Gut, dass du gerade da bist: Ich hoffe, ihr könnt mich mal zwei Tage entbehren. Ich würde gerne schon Dienstag oder Mittwoch losfahren. Wäre das okay?«

Heiko machte keinen Hehl aus seiner Ironie: »Nein, dann bricht hier doch gleich der gesamte Betrieb zusammen. Wie soll denn der Golfclub ohne deine umfangreiche und tatkräftige Mitarbeit funktionieren?«

Linda ignorierte, dass Heiko sich über ihre mangelnde Arbeitsintensität lustig machte, und wandte einen gekonnt unterwürfigen Augenaufschlag an.

Heiko musste innerlich grinsen, verkniff sich aber, seine Belustigung auch nach außen sichtbar werden zu lassen und fügte nur milde hinzu: »Wenn du willst, kannst du dich sofort vom Acker machen.«

»Danke, Heiko. Du bist ein Schatz!« Linda wäre ihm beinahe spontan um den Hals gefallen, konnte sich aber gerade noch rechtzeitig bremsen.

»Ich weiß«, entgegnete Heiko trocken, »deswegen lässt du dich ja auch von mir scheiden.« Er legte den Ordner auf den zweiten Schreibtisch und ging.

Als sich die Tür hinter ihm schloss, wandte Linda sich sofort wieder ihrem Computer zu. Warum auch immer Tom ihr nichts über seine Arbeit bei HUL geschrieben hatte, aber auf jeden Fall hatte er ein spezielles anderes Thema komplett außen vorgelassen: Ihm war kein Wort von der Templin durch die Finger und die Tastatur geflossen.

Linda hatte den Gedanken daran, dass Tom in einer festen Beziehung war, gewesen war oder sogar noch sein könnte, bislang erfolgreich verdrängt. Man sollte einfach nicht über die Sachen nachdenken, die einem potentiell im

Wege stehen könnten. Lindas Fahrlehrerin hatte gesagt, sie sollte beim Fahren nie auf die Mittellinie der Fahrbahn oder auf die Leitplanke blicken, denn man landete unweigerlich dort, wohin man sah, da man auch dorthin strebte. Also hatte Linda immer alles ignoriert, was sie auf keinen Fall anstrebte. Dies galt insbesondere für die Möglichkeiten, die ihr nicht attraktiv erschienen. Und wie angenehm doch das Leben war, wenn man alles Unangenehme einfach nur dadurch eliminieren konnte, dass man es ignorierte! Vielleicht hatte Tom sich gerade frisch von der Templin getrennt? Oder sie sich von ihm? Oder beide sich voneinander? Oder sie waren bereits seit Längerem nicht mehr zusammen? Solange Linda nicht wirklich etwas von Nana Templin als potentiellem Hindernis für ihre eigenen Interessen wusste, gab es diese gute Dame also einfach gar nicht. Und damit stellte sie auch kein Problem dar, über das man sich Gedanken oder sogar Sorgen machen musste.

Und ein Mann, der einer anderen Frau gegenüber seine Freundin oder Frau nicht erwähnte, war interessiert an Neuem und offen für Experimente. – Der Fisch schien angebissen zu haben! Triumphierend stieß Linda sich mit ihrem Stuhl vom Schreibtisch ab und rollte die paar Meter bis zum Fenster. Sie war jetzt wieder fast völlig entspannt und lächelte zufrieden.

•• <> ••

FALSE FLAG OPERATIONS

Als Tom am Mittwochabend vor dem Klassentreffen mit seiner Ente in Kurzenhagen eintraf, war es schon fast Mitternacht und es goss in Strömen. Seine Schwester lebte in einer der schmucken Jugendstilvillen im »Parkviertel« zwischen der Realschule und dem Händel-Gymnasium. Da hier alle Häuser von großen Gärten oder sogar kleineren Parks umgeben waren, gab es zwischen den einzelnen Grundstücken genügend Platz, um wenigstens in diesem Viertel kein Parkplatzproblem aufkommen zu lassen. Tom fand eine Parklücke direkt vorm Haus, sodass er nur wenige Schritte durch den Regen hasten musste, bevor er vor der Haustür stand, hinter der früher der »Scharfrichter« über sein kleines, privates Reich geherrscht hatte. Nun gehörte die Villa Ursel, die der Tradition des strengen Vaters gefolgt und ebenfalls Richterin geworden war, wenn auch nicht ganz so gefürchtet wie »Der Henker«, und hier zusammen mit ihrem Mann Ralf, einem erfolgreichen Bauunternehmer und den drei Kindern lebte. Da Tom nicht gerne nach Kurzenhagen zurückkehrte, hatten er und seine Schwester sich schon länger nicht mehr gesehen, zuletzt sogar nur noch miteinander telefoniert. Nun begrüßten sie sich mit einer leicht distanzierten Umarmung und gingen dann durch den Hausflur nach hinten in die Küche.

Ursels Hausjacke glich in Stil, Muster und Farben Toms Tagesdecken, und auch die Sessel und das Sofa in ihrem Wohnzimmer nebenan hatte Toms Schwester mit diesen selbstgehäkelten Tagesdecken verziert. Während der drei Mutterschaftsurlaube hatte sie Zeit genug gehabt, das Häkelwerk in Massenproduktion herzustellen.

In der Küche setzte Ursel einen Topf mit Suppe auf den Herd, damit sich Tom nach der langen Regenfahrt wieder aufwärmen konnte. »Ralf und die Kinder schlafen schon. Wir haben also heute Abend noch unsere Ruhe. – Kommt Nana zum Klassentreffen nach?«

»Wahrscheinlich nicht. Die hinken seit ihrem Unfall neulich total hinterm Drehplan her.«

»Schade!« Ursel setzte sich zu Tom an den Tisch und erzählte, dass Carola sie angerufen und darum gebeten hatte, Tom zu fragen, ob er ihr helfen könnte, morgen die Getränke fürs Klassentreffen abzuholen. »Der Getränkehof ist ab übermorgen wegen Umbauarbeiten für sechs Wochen geschlossen. Die Wehns sind da am Renovieren, deswegen geht das nur noch morgen. Und weil du nicht arbeiten musst und schon früher hier bist als die anderen, bittet sie dich, ihr dabei zu helfen. Eigentlich wollte Oliver das erledigen, aber der hat sich ein Bein gebrochen und kann daher nicht.«

»Ja, das mache ich doch gerne!« Tom freute sich darauf, seine ehemalige Klassenkameradin schon vor dem Treffen unter vier Augen wiederzusehen. »Wie hat Olli denn das mit seinem Beinbruch fertiggebracht? Ist es was Ernstes?«

Ursel machte Anstalten aufzustehen, um Tom die fertige Suppe zu bringen, doch der wollte sich nicht bedienen lassen und holte sich das Essen selber auf den Tisch, während seine Schwester leicht süffisant auf seine Frage antwortete: »Ja, ganz dramatischer Unfall und nicht ohne Komplikationen.« Ursel entließ die Süffisanz aus ihrer Stimme und fuhr betont sachlich fort: »Carola hat mir alles erzählt: Glatter Bruch.«

Tom kannte seine Schwester. Im Gegensatz zu ihm war Ulli schon immer selbstsicher, extrem kommunikativ, äußerst gesellig und bei allen beliebt gewesen und sie gehörte zu einem umfangreichen und dichten sozialen Netzwerk in Kurzenhagen. Sie beteiligte sich auch leidenschaftlich gerne am heimatlichen Klatsch und Tratsch. Ulli war eine regelrechte Lästerschwester. – Wie konnten zwei Kinder der gleichen Eltern nur so unterschiedliche Charaktere haben? Und Tom wusste, dass seine Schwester, wenn sie ihn schon mit solch widersprüchlichen Aussagen über einen glatten Bruch, aber komplizierten und dramatischen Unfall konfrontierte, noch mehr auf Lager hatte als nur eine relativ harmlose Verletzung, die nach sechs Wochen Gips wieder ausgeheilt sein würde. Und wenn Ulli damit anfing, sich jedes Detail einzeln aus der Nase ziehen zu lassen, indem sie mit ihrem Tonfall unterschwellig andeutete, dass es noch mehr und vor allem Interessanteres zu erzählen gab und die wirkliche Pointe noch fehlte, dann ahnte Tom, mit was für einer Geschichte er nun zu rechnen hatte. Seine Schwester hätte ebenfalls eine gute Dramaturgin oder Unterhalterin abgegeben, denn sie wusste, wie man Spannung erzeugte und die Leute neugierig machte. Mit dem Inhalt ihrer Geschichten vermochte sie jedoch immer nur das schlüpfrige Unterhaltungsbedürfnis des provinziellen Publikums in Kurzenhagen hervorragend befriedigen zu können. Toms Geschmack in Sachen Unterhaltung ging eindeutig in eine andere Richtung. Aber er wusste auch, dass seine Schwester jetzt nicht mehr locker lassen würde, bis sie ihm endlich die Pointe erzählte. Also ließ er sich auf ihr Spiel ein und fragte leicht genervt nach: »Und was ist an einem glatten Bruch dramatisch?«

»Ja, wie gut, dass deine ehemalige Klassensprecherin immer so gut über alles informiert ist! – Oliver ist im Bad auf der Seife ausgerutscht.«

Als Tom seine Schwester wortlos fragend ansah, wusste Ursel, dass er nun reif war für den Höhepunkt der Geschichte: »Es war nicht seine Seife und auch nicht sein Bad, sondern das seiner derzeitigen Praktikantin.«

»Ja, so was dachte ich mir!« Tom stöhnte innerlich auf. Eine solche Pointe war für ihn schon vor Minuten absehbar gewesen.

• <> •

Der Wecker auf dem Nachttisch neben seinem Bett in dem kleinen Gästezimmer zeigte sechs Uhr, als Tom am nächsten Morgen vom hellen, durchdringenden Lärm mehrerer Kinderstimmen geweckt wurde. Tom stand genervt auf, zog sich seinen Morgenmantel über und ging raus auf den Flur.

Im Bad direkt neben seinem Gästezimmer versuchte die elfjährige Jana ihrer dreijährigen Schwester Kay beim Waschen zu helfen. Dass die beiden miteinander beschäftigt waren, nutzte ihr sechsjähriger Bruder Daniel aus und schmierte Jana Zahncreme ins Haar. Während sie aufschrie und herumschimpfte, erblickte Daniel als Erster der drei seinen Onkel. »Noch einer mit 'ner Midlife-Crisis!«

»Was ist eine Kreises?« Kay runzelte ihre Stirn.

»Na, wenn man über zwanzig wird, dann kriegt man so was.« Daniel meinte es zu wissen und auch erklären zu können.

Jana aber triumphierte mit ihrem fünfjährigen Altersvorsprung über den kleineren, nervenden, dummen Bruder auf. »Sie hat nicht gefragt, *wann* man das kriegt, du Arsch, sondern *was das ist*. Du solltest genauer hinhören, Daniel! Außerdem kriegt man das erst ab dreißig und nicht schon mit zwanzig. Du hast ja keine Ahnung, du unterbemitteltes Kindergartenkind!«

»Nach den Ferien bin ich kein Kindergartenkind mehr, dann bin ich auch in der Schule. Und dann sind wir wieder gleich, du doofe Ziege!«

»Du wirst nie gleich sein wie ich. Ich bin dir immer fünf Jahre voraus. Und wenn du hundert wirst, bin ich dir immer noch voraus. Du kannst mich gar nicht einholen, du Blödmann!«

»Jana, was ist denn nun eine Mitreifenkreises?« Die besserwisserische Streiterei ihrer beiden älteren Geschwister hatte Kays Wissensdurst natürlich nicht befriedigen können. Aber sie machte sich schon so ihre eigenen Gedanken darüber, was mit diesem merkwürdigen Ausdruck wohl gemeint sein könnte. »So was vom Autorennen, wo sie auch mit Reifen im Kreis rumfahren?«

»Mid-life-Cri-sis heißt das«, erklärte Jana überdeutlich artikuliert. »Das ist Englisch und das heißt, dass man eine Krise kriegt, weil man älter wird. – So, wie bei Papa.«

Jetzt triumphierte Daniel auf. Er meinte, das letzte Wort gefunden zu haben: »Und du doofe Zicke kriegst deine Krise vor mir, weil du ja immer alles vor mir kriegst, weil du so viel älter bist als ich. Ätsch!«

Tom ging ungewaschen und kopfschüttelnd runter zu Ursel in die Küche.

Seine Schwester deckte gerade den Frühstückstisch. »Na, haben dich die Gören geweckt?« Ein Blick in Toms verschlafenes Gesicht bestätigte ihre Frage. »Tja, hier ist nichts mehr mit Ausschlafen, wenn die drei erst mal wach sind. Aber ich liebe meine drei Rübensüßchen. Du kannst sie dir ja in den nächsten Tagen als Anschauungsmaterial zu Gemüte führen, als Teaser oder Appetizer. So nennt ihr das das doch beim Film. Als Appetitanreger. – Oder wollt ihr beide etwa immer noch keine Kinder?«

Tom war noch nicht wach genug, um auch verbal zu reagieren, sondern schüttelte nur müde den Kopf.

Ursel seufzte auf: »Du glaubst gar nicht, wie sehr ich mich schon darauf freue, dass wir nach den Ferien endlich Daniel in der Schule und Kay im Kindergarten untergebracht haben!«

»Doch!« Tom nickte verschlafen. »Ich kann's mir sogar lebhaft vorstellen.«

• <> •

Eine Weile später fuhr Tom mit seiner Ente vor der
Einfahrt zu Carola Hoffmanns privatem Tierasyl vor und
stieg verschwitzt aus seinem Wagen. Nach dem nächtlichen
Regenschauer heizte die Sonne die Luft schon wieder
hochsommerlich auf. Schräg vor der Einfahrt parkte ein
olivgrüner Transporter mit der Seitenaufschrift »Tierparadies Kurzenhagen«, und auch über der Einfahrt prangte im
Halbrund des schmiedeeisernen Torbogens der Schriftzug
»Tierparadies«. Der durchdringende Duft von Mist und
Dung wehte Tom in die Nase und schien seine Bronchien
zu erweitern oder neu zu beleben. Er atmete tief durch.

Das Tierheim befand sich auf dem mehrere Hektar
großen Gelände eines ehemaligen Großbauernhofs mit
flachen, länglichen Ställen auf der linken und einer zu einem
Bürohaus umgebauten Scheune auf der rechten Seite vom
Eingang. Das ehemalige Wohnhaus zwischen den Gebäu-
den dieser U-förmigen Anlage existierte nicht mehr. Es war
schon vor längerem abgebrannt und nie wieder aufgebaut
worden. An seiner Stelle gab es nun einen geräumigen Hof,
von dessen hinterer Ecke ein gewaltiger Misthaufen seine
gesunde, aber nicht gerade angenehm duftende Landluft
verströmte. Ein Zaun trennte diesen Eingangsbereich vom
Freigehege dahinter: eine riesige Wiese, die diagonal von
einem kleinen Bach durchzogen war, der sie in eine ge-
pflegtere vordere und eine wild überwucherte hintere Hälfte
teilte. Der Bach führte auch durch einige mit Schilf und
Büschen umsäumte und verwinkelte Tümpel. Eine kleine
Holzbrücke über dem Bach stellte die einzige Verbindung
zu den beiden Teilen des Freigeheges dar.

Im Eingangsbereich auf dem Hof zwischen den Ge-
bäuden badete eine Mitarbeiterin einen Hund und wies
Tom, als er nach Carola fragte, zu den Volieren im vorderen

Teil des Freigeheges. Tom folgte dem angezeigten Weg, passierte mit zugehaltener Nase den Misthaufen und trat durch ein Gatter auf den gepflegteren Teil der Wiese. Hier liefen ein Pferd, ein Pony, ein Schwein und mehrere Hunde frei herum, darunter auch ein Schäferhund, eine weiße Dogge und ein ziemlich gehfauler Mops, und auf einem der Tümpel schwamm eine Gruppe Enten. Aus den Volieren kam Carola in verdreckten Gummistiefeln, Jeans und T-Shirt herbeigehumpelt und begrüßte Tom mit einer herzlichen Umarmung. Dann führte sie ihn in ihrem Tierasyl herum. Zuerst lotste sie ihn in die hinteren Ställe, in denen alte Pferde, Kühe und Schweine ihren Lebensabend verbrachten. Anschließend folgten die Ställe im Eingangsbereich, in denen vor allem kleinere Käfige und Terrarien standen.

Carola erläuterte Tom voller Stolz alle Einzelheiten ihres Tierheims und beendete ihren Vortrag mit den Vögeln. »Nur die Enten hinten im Freigehege sind nicht offiziell hier in Pflege, sondern Wildenten, die auf dem Tümpeln und dem Bach leben. Sie wissen es aber auch zu schätzen, nachts in einer festen Behausung unterkommen zu können und damit sicher vor Mardern zu sein. Die kommen abends immer freiwillig in den Stall.«

Tom hörte aufmerksam zu. Da er seit dem Abitur keinen Kontakt mehr zu Carola gehabt und seine Schwester ihm nur den Kurzenhagener Gesellschaftstratsch zu berichten gehabt hatte, aber eben nichts über ein Tierasyl, das keine Klatschgeschichten hergab, wusste er nicht viel von Carolas Tierheim, oder wie sie es organisierte. Er war jedoch beeindruckt. »Wie finanzierst du das eigentlich alles?«

»Gemischt. – Aus Spenden, Zuschüssen von der Stadt und aus dem Verkauf der Tiere. Der größte Teil kommt von Tierschutzvereinen und privaten Förderern, wie den

119

von Lauensteins. – Und hier sind die Kleintiere. Wir haben alles: vom niedlichen Goldhamster bis zur hochgiftigen australischen Trichternetzspinne.« Carola hielt Tom plötzlich ruckartig ein Mini-Terrarium mit einer großen, behaarten Spinne vor die Nase und Tom zuckte automatisch zurück. »Ah, deine Reflexe funktionieren also noch. Keine Sorge, dies ist nur eine harmlose Vogelspinne. Magst du keine Spinnen?«

»Also, mögen ist was anderes. Aber ich würde weder schreiend weglaufen noch ihnen die Beine ausreißen. – Habt ihr eigentlich Michael Graf ausfindig machen können?«

Carola lachte, weil sie hinter Toms Fragen dessen Gedankengang erkennen konnte. »Nee, keiner weiß was von unserm Sadisten. Vielleicht ist er ja tot und dazu verdonnert worden, immer wieder als Insekt neu geboren zu werden?« Sie holte genüsslich grinsend einen anderen Behälter voller lebender Insekten hervor. »Ich glaube, ich sollte noch mal kurz unseren Baby-Leguan füttern. Der mag so gerne Insekten.«

• <> •

Nachdem Carola Tom durch ihr gesamtes Tierasyl geführt hatte, fuhren sie mit dem Transporter zum Getränkehof Wehn, um die Getränkekisten für das Klassentreffen abzuholen. Während Carola noch bezahlte, belud Tom ihren Transporter mit den Kisten, um sie vorübergehend im Tierparadies unterzustellen. Am Freitagnachmittag wollten sie dann die Getränke zur Realschule bringen, wo Samstag das Klassentreffen stattfinden sollte.

»Ich wette, Hardi legt beim Treffen wieder mit seiner Filmerei los.« Carola nahm von Hardi Wehns Vater ihr Wechselgeld entgegen und verabschiedete sich von ihm. Danach stieg sie zusammen mit Tom in den Transporter und sie fuhren zurück ins Tierheim. Dabei unterhielten sie sich über alte Zeiten und das geplante Treffen. Tom war allerdings davon ausgegangen, das Klassentreffen im Händel-Gymnasium zu feiern oder in einem Restaurant. Die Realschule war ihm dafür nicht in den Sinn gekommen, also fragte er Carola, warum denn das Treffen nicht im Händel-Gymnasium stattfand.

»Olli hat die Aula der Realschule für uns angemietet, weil wir da bei schlechtem Wetter drinnen und, wenn es trocken und warm ist, auf der Wiese davor feiern können. Miriams Freund René hat früher die Aula als Übungshalle genutzt, als er selber noch auf der Schule war. Ollis Schwiegersohn in spe hat nämlich eine Rockband, die ›Manure Pigs‹.«

Tom sah so verwirrt drein, dass Carola meinte, ihre Ausführungen näher erläutern zu müssen: »Miriam, unser ›Vögel-Baby‹, die Tochter von Olli Specht und Andrea Sperling, das erste Kind unseres Jahrgangs, viel zu früh noch vor dem Abi gezeugt und geboren. – Erinnerst du dich nicht mehr?«

»Ja, ja. Doch. Und ich kenne auch die Pigs. Die Hälfte der Pigs sind HUL-Fans und die Hälfte von unserer Crew sind deren Fans. Die haben uns schon ein paar Mal bei Dreharbeiten besucht und unsere Youngsters sind häufiger Backstage bei denen eingeladen. Wir sind quasi verschwippschwägert.«

»Ah, ihr seid also eine große Künstlerfamilie.«

»Na ja. Sozusagen. Ich wusste nur nicht, dass René aus Kurzenhagen kommt und mit einer Miriam liiert ist, die obendrein Ollis und Andreas Tochter ist. Ich dachte immer, er und die Pigs wären aus Hannover.«

»Sind sie ja auch. Aber nachdem René da von allen Schulen geflogen war, haben seine Eltern ihr renitentes Früchtchen nur noch bei uns in Kurzenhagen auf der Realschule unterbringen können. Und während er hier auf der Schule war, hat er dann Miriam kennengelernt und Karriere mit seinen Pigs aus Hannover gemacht.«

Tom murmelte leise in sich rein. »Mein Gott, wie klein doch manchmal die Welt ist!«

Als Tom am späten Vormittag zu seiner Schwester und ihrer Familie nach Hause zurückkam, spielte Kay mit einem Federkranz auf dem Kopf Indianer und Ursel sprach leicht gestresst ins Telefon: »Natürlich. … Ja, ich hole ihn dann direkt ab. … Ja, ich muss mal sehen, wo ich solange meine Jüngste parke. … Ja, okay. … Ja, gut. Bis dann, tschüs!«

Tom blieb neben ihr stehen. »Gibt es Schwierigkeiten?«

»Ja, so ungefähr. Der Kindergarten hat kurzfristig für heute Nachmittag eine Besprechung mit den Eltern einberufen, weil größere Jungs aus der benachbarten Schule angefangen haben, die Kleinen aus dem Kindergarten abzuzocken. Und da muss ich natürlich hin. Könntest du dich dann Kay widmen? Es reicht mir schon, Daniel dabei zu haben. Glaubst du, du wirst mit ihr fertig?«

»Mal sehen.« Tom war sich da nicht so sicher. Seine Schwester versuchte zwar immer mal wieder, ihn davon zu überzeugen, dass zu einem ordentlichen Leben auch Kinder gehörten. Aber mit Nana war er sich bislang einig gewesen, dauerhaft ohne Kinder bleiben zu wollen. Da sie aus einer kinderreichen Familie kam, in der sie als Älteste unfreiwillig und schon früh die zweite Mutter für ihre vielen jüngeren Geschwister hatte spielen müssen, legte sie keinen Wert auf »Getümmel«, wie sie Kinder gerne nannte. Außerdem war sie der Meinung, dass Familie Templin auch ohne Nanas Zutun schon ausreichend zur Überbevölkerung beigetragen hatte. Tom wusste, dass seine Freundin einfach nur froh war, jetzt als Erwachsene ihre verpasste Kindheit nachholen zu können, und darin wollte er sie auf keinen Fall behindern oder einschränken. Zumal ihm das ganz gut in den eigenen Kram passte. Vielleicht hatte Nana recht und er sollte sich langsam mal ernstere Gedanken darüber machen, sich für eigene Produktionen von HUL abzunabeln. Er hatte während seiner Zeit bei HUL ausreichende finanzielle Rücklagen und die nötigen Praxiserfahrungen angesammelt, um seine Pläne nun endlich realisieren zu können. Vor diesem Hintergrund und auch wegen Nanas ständiger Reisen zu der einen oder anderen auswärtigen Filmproduktion waren Kinder nie geplant gewesen. Und Toms Besuche in Kurzenhagen fanden so selten statt, dass er auch zu seinen Nichten und dem Neffen kaum ein persönliches Verhältnis hatte. Insofern war es für ihn nie notwendig gewesen, sich mit Kindern auseinanderzusetzen – oder damit, wie man mit ihnen umgehen sollte.

Etwas hilflos wandte er sich an Kay: »Was wollen wir beide denn machen?« Wenn er selber das schon nicht entscheiden konnte, sollte sie sich etwas aussuchen, das ihr Spaß machte. Mit einem motivierten, gut gelaunten und zufriedenen Kind war es sicher leichter als mit einem gelangweilten oder genervt herumnörgelnden.

»Weiß nicht.«

»Ehm, ja –« Da Kay nicht gewillt schien, ihm eine Entscheidung abzunehmen, musste sich Tom also doch selber etwas ausdenken. »Hättest du Lust auf Eis?«

»Au ja, Eis essen! Und Baden. Im Goldsee.« Kay war offenbar leicht zu begeistern.

Ihre Mutter atmete erleichtert auf. »Na, da habt ihr ja ein volles Programm.«

• <> •

Am Nachmittag schlenderten Tom und Kay durch die Fußgängerzone Kurzenhagens. Für seine Ente hatte er gleich
um die Ecke einen Parkplatz gefunden, aber nun fiel ihm
nicht mehr ein, wo das Eisgeschäft war, an das er sich noch
von früher erinnerte. In den vergangenen Jahren war Tom
nur wenige Male auf Kurzbesuch bei seiner Schwester und
ihrer Familie gewesen, ohne sich dabei auch in der Stadt
aufgehalten zu haben. Mit Kurzenhagen verbanden ihn nur
so düstere Erinnerungen, dass er sich seit seinem Umzug
nach Berlin immer so fern wie möglich von hier gehalten
hatte. Und nun, nach all den Jahren erkannte er kaum etwas
wieder, zumal sich auch die Stadt verändert hatte. Das
Eisgeschäft war jedenfalls nicht mehr da, wo Tom es aus
seiner Erinnerung noch vage vermutet hatte.

»Sag mal, weißt du, wo der Eisladen ist?«

»Nee.« Natürlich war Kay ihm noch keine große Hilfe
mit ihren erst drei Jahren.

»Dann müssen wir uns eben durchfragen.« Tom wandte
sich hilfesuchend an die Passanten. Die Ersten, die er ansprach, waren zwei laut kichernde Punker. »'Tschuldigung,
könnt ihr uns sagen, wo hier die Eisdiele ist?«

Der eine Punker lachte gleich wieder drauflos: »Nee,
Mann. Wir kennen uns nur mit was Edlerem aus als mit
Eisdielen.«

»Richtig, wir kennen nur Pelzdielen und so was«, grölte
der andere Punker laut drauflos. Sie schüttelten sich vor
Lachen und gingen johlend weiter.

Tom blickte den beiden jungen Männern irritiert hinter-
drein. Hier in der Provinz waren selbst die Punker irgendwie anders als die, die er aus der Metropole kannte. Kopfschüttelnd steuerte er ein älteres Ehepaar an und fragte die
beiden nach der Eisdiele.

Der Mann überlegte noch, aber seine Frau kam ihm zuvor. »Zu dem Eiscafé müssen Sie einfach nur hier geradeaus weiter und dann ist es links auf der Seite.«

Ihr Mann fuhr ihr grantig korrigierend dazwischen: »So ein Quatsch, Hilde! Was redest du denn da nur wieder für einen Unsinn! Der Eisladen ist doch in der Amerikapassage, da hinten rechts hinterm Marktplatz.«

Seine Frau stänkerte genervt zurück: »Ach, Herbert. Du bist ja nicht mehr auf dem Laufenden!« Hildes zänkischer Konter ließ offen, was sie mehr verärgerte: die Vergesslichkeit ihres Mannes oder seine Besserwisserei. »In der Amerikapassage war der Laden ganz früher einmal – in den Siebzigern und Achtzigern. Danach sind sie in die Afrikapassage umgezogen und vor zehn Jahren dann hierher. Mensch, du kriegst ja langsam gar nichts mehr mit!« Auch als Hilde sich wieder Tom zuwandte, klang sie noch ziemlich gereizt. »Glauben sie mir: gleich hier vorne in der Australienpassage, geradeaus und dann ist es auf der linken Seite, noch vor dem Marktplatz!«

• <> •

Linda war heute in einem ledernen, schwarzen Minirock, einer goldgelben Bluse mit einem gewohnt tiefen Dekolletee und in farblich passender Sonnenbrille und Pumps unterwegs, aber zur Abwechslung nur dezent geschminkt. Sie spazierte an den Läden in der Alaskapassage der Kurzenhagener Fußgängerzone vorbei und blickte konzentriert in die Schaufenster. Dabei interessierte sie sich aber weniger für die Inhalte der Auslagen hinter den Scheiben als für das, was ihr deren Spiegeleffekt bieten konnte. Schaufensterscheiben waren glücklicherweise so schön groß und dadurch besonders geeignet, um darin unbemerkt andere Passanten beobachten zu können.

Die Schaufensterscheibe eines Pelzgeschäfts lag allerdings in Splittern und in Scherben zwischen den Pelzen in der Auslage. Und vor dem Geschäft hielt ein dunkelblauer Glastransporter mit der Türaufschrift »Glaserei Rüdiger Voss«.

Zwei geistig reichlich minderbemittelt dreinblickende Lehrlinge begutachteten den Schaden: Einer maß etwas ungeschickt den leeren Fensterrahmen aus und gab die Maße seinem Kumpel weiter, der unbeholfen in einem kleinen Heftchen nachsah und wiederholt nickte. »Jau. … Jau, ham' wa.«

In der Ladentür stand der Ladenbesitzer mit einem Besen in der Hand und schimpfte lauthals herum. »Diese blöden Punks! Ständig das Gleiche. Das ist nun das zweite Mal dieses Jahr. Und die werden immer dreister: Jetzt kommen sie schon am helllichten Tage.«

Aus dem Laden trat der schmächtige, blonde Glasermeister. Er hatte eine Zigarette im Mundwinkel, die ihm auch beim Sprechen nicht herabfiel. Beruhigend redete er auf den Ladenbesitzer ein: »Nu' regen Se sich ma nich so auf, Herr Jahn! Sie ha'm doch 'ne gute Versicherung gegen dieses randalierende Pack.« Als der Glasermeister Linda erblickte, stutzte er, dann klappte ihm der Unterkiefer runter. Die Zigarette blieb trotzdem angefeuchtet an seiner Lippe kleben. »Engelchen? – Mensch, das darf doch nich' wahr sein. Hey, Baby!«

Linda schob überrascht ihre Brille hoch in die Haare, als sie erkannte, wen sie vor sich hatte. »Mein Gott, Rudi! Ach, ist das lange her! Mensch Rudi, du Rowdy! – Mit dir hatte ich hier gerade überhaupt nicht gerechnet.«

Die beiden umarmten sich herzlich. Der Glaser überließ die Arbeit seinen Lehrlingen und stellte sich mit Linda in eine benachbarte Tordurchfahrt, die zu einem Hinterhof führte. Dabei taxierte er seine ehemalige Mitschülerin und Freundin von oben bis unten. »Hey, du siehst klasse aus! Wie geht's dir denn so? Hab' gehört, dass du in München lebst und May heißt. Dann biste also wieder verheiratet?«

»Noch – aber nicht mehr lange.« Linda sah Rudis erfreuten Blick und reagierte umgehend: »Mach dir keine falschen Hoffnungen! Ich habe gehört, du wärst deiner Frau nicht gerade besonders treu?«

»Ja, 'n Fisch braucht sein Wasser.« Rudi grinste anzüglich. »Sitzt also in München und bist trotzdem bestens über Kurzenhagen informiert, was?«

»Tja, ich verkehre im Internet. Da kommt so einiges an Infos rüber.«

Rudi zog einen gespielten Flunsch. »Dann sieh ma' zu, dassde da nix *verkehrt* machst. Mir wär' das ja 'n bisschen zu sehr auf Distanz: Ich verkehr lieber direkt.«

»Ja, ja. Ich weiß.« Linda schmunzelte, wollte sich aber nicht auf Rudis Anzüglichkeiten oder einen Flirt mit ihm einlassen, also wechselte sie das Thema. »Wie läuft's Geschäft?«

»Joa, lohnt sich. Seitdem ich Glaser bin, hab' ich kleine Kinder gerne. Besonders, wenn se Fußball spielen. Und Schlägereien. Und Unwetter. Und Brände. Und Demonstrationen.« Rudi grinste hinterlistig und fuhr fort: »Und Tierschützer. Und so.« Er taxierte Linda forschend und bemerkte ihr Schmunzeln. Für einen Flirt war sie scheinbar nicht bereit, aber er wusste, dass er ihr vertrauen konnte. Er wies bedeutungsvoll mit dem Kopf zum Pelzgeschäft. »Und für Zeiten, wenn ma' nix los is' und wir 'ne miese Auftragslage ham, hat mein Ältester recht gute Kontakte zu unserer jobsuchenden Jugend.«

Linda begann zu begreifen. »Der Pelzladen – du?«

Rudi grinste verschwörerisch. »Erinnerst du dich noch daran, was ›FF‹ oder ›CO‹ heißt?«

Ganz alte Erinnerungen stiegen in Linda hoch. Erinnerungen an düstere »konspirative« Zusammenkünfte in der »Sieben«, bei denen sie und ihre Freunde die Theorie und Praxis von Spaßguerillaaktionen diskutiert hatten. Über die Diskussionen waren sie dabei zwar nie hinausgekommen. Aber sie hatten auch über »Covert Operations« oder Operationen unter »Falscher Flagge« debattiert: Anschläge und Attentate, die von staatlichen Institutionen verübt wurden, allerdings im Namen ihrer politischen Opposition, um diese damit in der öffentlichen Meinung zu diskreditieren. Insbesondere die damals topaktuelle Geschichte um das »Celler Loch« war von den revolutionären Sechs in der »Sieben« bis ins letzte Detail breitgetreten worden. Schließlich hatten sie mit *der* Story »ihre« eigene FF oder CO direkt vor der Haustür gehabt. Zumindest waren sie in Kurzenhagen von dem berühmten Loch, das der niedersächsische Verfassungsschutz im Juli 1978 zur angeblichen Gefangenenbefreiung eines RAF-Mitglieds in die Wand der Celler Justizvollzugsanstalt gebombt hatte, nur 30 Kilometer entfernt gewesen. Für die revolutionäre Kleingartentruppe hatte sich die angebliche Demokratie der damaligen Bundesrepublik mit dieser illegalen Aktion endgültig als kriminell entlarvt. Die wahren Hintergründe des Attentats waren zwar erst Jahre später von Journalisten öffentlich aufgedeckt und dann auch von einem parlamentarischen Untersuchungsausschuss unter die Lupe genommen worden, aber Rudi, Olli und Bernhard hatten natürlich schon damals, gleich als das Bombenloch in Celle frisch durch die Presse gegangen war, geargwöhnt, was dort wirklich passiert sein könnte. *Sie* hatten sich doch nicht durch die propagandistischen Lügen einer autoritären und verlogenen Politik täuschen lassen!

Ja, so langsam kam Linda die Erinnerung an diese Diskussionen zurück. Und der Angriff auf den Pelzladen hier war ebenfalls eine Operation unter »Falscher Flagge«? Eine von Rudi lancierte? Oder zumindest angestiftete? – Auf jeden Fall wohl auch nicht weniger kriminell als das »Celler Loch«. Sie schüttelte grinsend ihren Kopf. »Ach, ich glaube, ich will's gar nicht so genau wissen. Du bist vielleicht ein olles Schlitzohr!«

»Tja, Ehrenhaftigkeit macht nich' satt. Und hierbei haben sogar alle was davon: Ich und die Jungens. Und die Kunden kriegen ihre Knete von der Versicherung zurück und freu'n sich über 'nen prompten Service. 'Ne absolute Win-win-Situation. – Aber ich muss jetzt wieder zu mein' beiden Blödmännern, die komm' nich' klar ohne mich. Wo wohnst du eigentlich die Tage: Bei den Von und Zus?«

»Nee, in der ›Sieben‹.« Linda hob bedeutungsvoll und verschwörerisch ihre eine Augenbraue. »Okay, du Gauner. Wir sehen uns dann spätestens beim Treffen.«

Die beiden umarmten sich noch einmal herzlich zum Abschied und Rudi ging zurück zu seinen Lehrlingen. Linda schüttelte innerlich ihren Kopf über seine Machenschaften. Sie erinnerte sich inzwischen wieder sehr gut daran, dass diese ganzen politischen Diskussionen in der »Sieben« – genauso wie die bei Getränkehof Wehn besorgte »Flüssignahrung« in Form von Bier und anderen Alkoholika – nie viel mehr gewesen waren als Stimmungsmacher. Die Einleitung zum jeweiligen Hauptakt, die Anregung zum »Höhepunkt« des Abends, der natürlich im Bett stattgefunden hatte. Nur Franzi hatte sich als einzige immer vornehm zurückgehalten. Nicht bei den politischen Debatten, aber beim Alkoholkonsum und dem abschließenden »Höhepunkt« im Bett. Nachträglich konnte Linda es ihrer besten Freundin nur allzu gut nachempfinden, dass sie nie Lust gehabt hatte, sich mit dem Loser oder einem der anderen beiden Jungen einzulassen. Franzi war offenbar bereits als Jugendliche pfiffig genug gewesen, sich nähere Erfahrungen mit solchen Möchtegerngroßen zu ersparen. Aber auch Linda war schon damals nie so ganz klar gewesen, was sie denn an dieser dummen, betrunkenen Fummelei, die noch nicht einmal an die unbefriedigenden späteren Nullnummern herangekommen war, als »Höhepunkt« hätte bezeichnen sollen. Die vorangehenden politischen Diskussionen hatte sie jedenfalls immer wesentlich spannender gefunden.

Richtig: Diese »konspirativen Debatten« in der Gartenlaube waren nichts weiter gewesen als das Vorspiel für den Abschluss im Bett, eben Operationen unter falscher Flagge! Linda schob wieder ihre Sonnenbrille runter auf die Nase und schlenderte weiter in Richtung Marktplatz, die spiegelnden Fensterscheiben fest im Fokus ihrer Aufmerksamkeit.

• • <> • •

ENGELCHEN IM TIGERBIKINI

Nachdem Linda den Marktplatz hinter sich gelassen hatte und an einem Eiscafé vorbeikam, sah sie Tom und Kay davorsitzen. Die beiden waren so sehr mit ihrem Eis beschäftigt, dass sie Linda erst bemerkten, als diese an ihren Tisch herantrat. Sie schob ihre Sonnenbrille hoch und hauchte mit gekonnt gespielter Fassungslosigkeit, jedoch wahrhaftig erfreut: »Thomas?«

»Eng … – eh, Linda?« Tom war wirklich fassungslos. Natürlich hatte er gehofft, ihr hier vielleicht noch vor dem Klassentreffen zu begegnen und war für diesen Zweck auf die Idee mit dem Eis gekommen. Aber die Wahrscheinlichkeit, dass sich seine Hoffnung erfüllen könnte, hatte für ihn ins Reich der Wunschträume und nicht der realen Möglichkeiten gehört. Weil er so erstaunt war und sich zuletzt nur noch auf Kay konzentriert hatte, fiel ihm nun prompt nichts zu sagen ein, sodass er froh war, als Linda wieder das Wort ergriff.

»Na, das ist ja eine Überraschung. Zuerst läuft mir Rudi Voss über den Weg: Der misst gerade hier um die Ecke bei Pelz-Jahn das Schaufenster aus. Da haben sich Punker ausgetobt und die Scheibe kurz und klein gehauen. Und keine Minute später treffe ich dich hier. Kurzenhagen ist wirklich ein Dorf!«

Lindas informativer Redeschwall gab Tom Zeit, sich wieder zu fassen. »Setz dich doch! Musst du nicht arbeiten?«

»Nein, ich kann mir meine Arbeitszeiten selber einteilen. Mehr oder weniger, jedenfalls.«

Linda setzte sich, sah nachdenklich zu Kay hinüber und musterte sie neugierig. Toms Blick fiel erst auf Lindas prächtiges Dekolletee und wanderte dann verlegen hoch in ihr Gesicht. Die Kellnerin unterbrach ihre Begrüßung, um

Lindas Bestellung entgegenzunehmen, doch die winkte ab. Still triumphierend bemerkte sie Toms Blick auf ihrem Busen, während ihr einige Fragen zu Kay durch den Kopf gingen. Ob Tom vielleicht so ein Familientyp und mit der Templin verheiratet war und schon mehrere Kinder hatte, die er als Promi der Öffentlichkeit vorenthielt? Nicht jeder im deutschen Showbusiness stellte seine Kinder so sehr zur Schau wie es viele der Stars aus Hollywood taten. Linda verfluchte es gerade, sich nicht doch weiter über Toms persönlichen Hintergrund erkundigt zu haben.

»Du siehst verdammt gut aus!« Tom musste sich zusammenreißen und konzentrieren, sonst hätte sich seine Stimme mal wieder in Register verkrochen, in denen er sie gar nicht mehr hören wollte.

»Danke, gleichfalls!« Linda brauchte nicht zu spielen, lügen, übertreiben oder sich einzuschmeicheln – Tom gefiel ihr wirklich. Er wirkte nicht mehr so bieder, altbacken und fade wie früher als Junge, sondern trug modische Kleidung und eine schicke Frisur. Und vor allem war er endlich dieses schreckliche Stimmbruch-Jodeln los, das sogar noch bis zum Abi so typisch für ihn gewesen war. Nur die Haarfarbe irritierte Linda etwas. »Aber stresst dich dein Beruf so sehr, dass du davon schon silberne Haare gekriegt hast?«

Tom schmunzelte. »›Silbern‹ ist gut! Nein, die sind gebleicht: das ist nur Show. – Just Show-Business.«

»So, so. Das ist also nur Show? Mensch, hast du dich verändert! Mein lieber Scholli!« Auch diesmal brauchte Linda nicht zu spielen, sie war wirklich beeindruckt von Toms Wandlung.

Aber Kay war mit ihrem Eis fertig und fing an sich zu langweilen. »Fahren wir jetzt baden?«

»Du willst mit deinem Papa zum Baden fahren?«

Kay war entrüstet: »Onkel Tom ist nicht mein Papa!« Ihr fiel der Streit mit den Geschwistern vom Morgen wieder ein. »Er ist aber schon genauso alt. Und deswegen hat er auch schon eine Krise mit Leichen. – Bist du auch schon so alt?«

»Ehm?« Lindas Gefühlswelt verdaute noch erleichtert die Tatsache, dass dieses Kind nicht direkt oder dauerhaft zu Thomas' Verantwortungsbereich gehörte, bevor ihre Ratio sich zu fragen begann, was zum Teufel eine »Krise mit Leichen« sein könnte. Das Kind war offenbar die Tochter von Thomas' Schwester, wenn sie ihn mit »Onkel« bezeichnete. Aber hatte er vielleicht irgendwelchen Perverskram auf dem Kerbholz? Das konnte Linda nicht glauben, denn für alle Perversitäten Kurzenhagens war immer nur dieser sadistische Oberpsycho mit seinem Stethoskop zuständig gewesen. Doch vor allem konnte Linda es nicht glauben, weil sie es nicht glauben wollte.

»Fahren wir jetzt baden?« Kay hatte noch keine Antwort auf ihre Frage erhalten.

Linda überlegte kurz. Sie war es gewohnt, schnell und spontan umzudisponieren und dabei das Unvermeidliche in Kauf zu nehmen, um so effektiv wie möglich das Angenehme mit dem Nützlichen verbinden zu können. »Hättet ihr was dagegen, wenn ich mitkomme?«

Tom sprang sofort fröhlich auf: »Nein, natürlich nicht. Gerne sogar!«

Linda hatte allerdings ein kleines Problem mit dieser spontanen Entscheidung. »Okay, aber ich habe hier kein Badezeug. Könnt ihr noch einen Moment warten? Ich geh nur schnell, wirklich *ganz schnell* ins Kaufhaus und bin auch *sofort* zurück, okay?« Sie zog ihre Sonnenbrille runter auf die Nase und stand auf, während Tom sich wieder setzte.

»Aber dann fahren wir gleich baden, ja?« Kay begriff, dass sie anfangen musste zu quengeln, um für den Rest dieses Nachmittags wenigstens noch Spaß zu haben, wenn ihr schon seitens der Erwachsenen nicht mehr die nötige Aufmerksamkeit entgegengebracht wurde.

»Ja, Kay.« Tom merkte, dass er das Kind irgendwie beruhigen musste. »Hast du Lust auf ein zweites Eis?«

»Au ja!«

In der Bademodenabteilung des Kaufhauses stand Linda neben einem Bikiniständer und schob mit missbilligender Miene einen Bikini nach dem anderen beiseite. Sie war doch etwas ausgefallenere und auch luxuriösere Modelle als diese billige Stangenware aus dem Kaufhaus gewohnt. Nach einer kurzen Vorauswahl hielt sie sich unentschieden abwägend einen schwarzen und einen jadegrünen Bikini vor ihr beachtliches Dekolletee und betrachtete sich dabei zufrieden im Spiegel. Sie hasste es, wenn ihr unterstellt wurde, sie habe an ihrem Busen mit Silikon nachhelfen lassen. Linda Engel hatte weder False Flag Operations noch plastische Chirurgen nötig. An ihr war alles echt! Schließlich entschied sie sich widerwillig für einen wenigstens gewagt aussehenden Bikini mit gelb-schwarzem Tigerstreifenmuster und eilte zurück zu Tom und seinem kleinen Anhang.

Als sie etwas später wieder an Thomas' und Kays Tisch trat, schleckte Kay gerade an den letzten Resten ihrer zweiten Eiswaffel. Linda machte sich diesmal gar nicht erst die Mühe, ihre Sonnenbrille hoch in die Haare zu schieben. »Seid ihr eigentlich mit dem Auto hier oder zu Fuß?«

»Meine Ente steht gleich dahinten am Ende der Fußgängerzone.« Tom wies in die entsprechende Richtung.

»Deine Ente?« Linda überlegte zum zweiten Mal in wenigen Tagen, ob Thomas nicht doch – und das sogar mit solch einem Wagen – sorgsam gepflegtes Understatement betrieb, oder ob er wohl tatsächlich keinen Wert auf Bequemlichkeit legte, wenn schon nicht auf Statussymbole.

»Eine alte, knatterige Ente – und ich liebe sie!« Toms Augen bekamen einen schwärmerischen Glanz.

Okay, das hatte überzeugt geklungen und nicht nach gezieltem Understatement. Thomas war also tatsächlich nicht arrogant, sondern bescheiden. Aber Linda waren Statusobjekte nicht egal und Bequemlichkeiten erst recht nicht. »Was hältst du zur Abwechslung mal von einer Fahrt im Porsche? Der knattert nicht und wir können bei diesem schönen Wetter auch das Dach offen lassen.«

Tom war kein Prinzipienreiter und stimmte zu. Wenn ihm eine Abwechslung geboten wurde, zudem eine bequemere als gewohnt, dann nahm er sie gerne an. Und ganz besonders, wenn er dabei im Sommer in den Genuss einer Fahrt mit offenem Verdeck kam.

• <> •

Am Badesee rieb Tom Kay übertrieben mit Sonnenschutzcreme ein. Anschließend planschte sie im seichten Uferbereich des Sees herum und fand in den Kindern der nebenan liegenden Badegäste Spielgefährten. Tom, der für diesen Besuch auch nicht damit gerechnet hatte, seine Badesachen mitnehmen zu müssen, hatte sich bereits zu Hause eine von seinem Schwager ausgeliehene Badehose untergezogen. Aber sie und der neu erworbene Tigerbikini kamen heute nicht zu einem Badeeinsatz, sondern dienten nur dazu, die ansonsten unverhüllten Körper zur Schau zu stellen. Tom und Linda machten es sich im Halbschatten auf einem großen Badetuch bequem und unterhielten sich über alte Zeiten in Kurzenhagen und die Gegenwart bei HUL und May-Golf in Berlin und München. Sie redeten von weniger Interessantem, wie Toms Schwester Ursel und ihrem Mann Ralf, aber auch über wesentlich Persönlicheres und Spannenderes, wie Lindas vier Ehen und drei Scheidungen und

135

Toms vermasselte Jugend unter seinen extrem autoritären
Eltern. Und Linda gewöhnte sich schnell den Namen »Thomas« für ihr Gegenüber ab. »Tom« passte viel besser zu
seinem jetzigen Styling und war auch nicht mit unattrak-
tiven Erinnerungen an eine Jodelstimme im Burlington-
Pullunder belastet.

Anfangs unterhielten sich die beiden noch überwiegend
scherzend, dann aber zunehmend ernsthafter miteinander.
Auch ihre anfängliche Distanz wich nach und nach einer gewissen Vertrautheit, sodass sie offener und zugänglicher
füreinander wurden. Wieso war Linda eigentlich nicht schon
als Jugendliche darauf gekommen, dass mit diesem Jungen
doch etwas anzufangen war? Nur weil er damals diese
elende Jodelstimme gehabt und nicht solche schicken Kla-
motten getragen hatte wie die anderen? War sie früher wirklich so oberflächlich gewesen? Linda stöhnte ihren Gedanken laut heraus: »Ach, was waren wir damals noch dumm
und oberflächlich!«

Tom freute sich über ihre Selbstkritik und lächelte nach-
sichtig: »Nein wir waren jung und unerfahren, dann ist das
eben noch so.«

Hach Gott, er war ja so süß! Tom war so voller Milde
und Weisheit. Und er war so unglaublich verständnisvoll.
Linda war froh, sich eben gehengelassen und Tom damit die
Vorlage für seine gütige Entgegnung geliefert zu haben.
Aber jetzt riss sie sich wieder zusammen. Ihr ehemaliger
Mitschüler sollte nicht gleich merken, wie sehr er sie beein-
druckt hatte – und schon gar nicht, wie einfältig sie sich sel-
ber gerade vorkam.

Mit ihrer Vermutung, Tom könnte eine ausgeprägte Sen-
sibilität besitzen, hatte sie gar nicht mal so falsch gelegen.
Das wurde Linda bereits bei Toms Ausführungen über seine schwere Jugend klar. Aber danach sprach er sie darauf

an, dass es für sie als simple Angestelltentochter zwischen all diesen bürgerlichen Schülern aus reichen und gebildeten Familien in ihrer Klasse ebenfalls alles andere als einfach gewesen sein musste. Und dabei merkte Linda, dass ihr Gegenüber sich sogar in den Seelen der Menschen, die andere Bedingungen hatten als er selber, ziemlich gut auskannte. Tom konnte ihre Gefühle mitempfinden, obwohl er ihre Erfahrungen gar nicht teilte. Auch hatte er sich auf seine Privilegien nie etwas eingebildet, im Gegenteil: gegenüber jemandem, der benachteiligt war, schämte er sich sogar für seine Vorteile. Und trotz aller Hartherzigkeit in seiner Familie hatte sich dieser wundervolle Mann bis zum Regisseur von HUL hochgearbeitet? Es war kaum zu glauben und Tom war absolut bewundernswert!

Linda musste sich eingestehen, dass Tom sie tief beeindruckte. Sie schmolz dahin. Und noch etwas schmolz dahin, ohne dass es ihr richtig bewusst wurde: ihr Selbstwertgefühl. Wie Amerika – nach Achim und Clemenceau – auf dem Weg von der Barbarei in die Dekadenz keinen Umweg über die Kultur gemacht hatte, oder Toms Stimme früher immer ohne stabilisierende Mittellage zwischen den Extremregistern umgeschlagen war, so kippte auch Lindas sorgsam gepflegtes und scheinbar unantastbares Selbstbild ohne Umwege über ein realistisches Bewusstsein von sich selber vom Positiven um ins Negative. Heute Morgen noch war Linda sich ganz toll vorgekommen: gut aussehend, sexy, attraktiv, begehrenswert. Aber nun fühlte sie sich einfach nur noch klein und dumm an der Seite dieser schillernden Persönlichkeit neben ihr. Und ein so unkontrolliert und ziellos zwischen Selbstsicherheits- und Unsicherheitsgefühl herumjodelndes Selbstbewusstsein fühlte sich nie besonders gut an. Es hatte etwas von manisch-depressiv im Akkord.

Allerdings gab Tom Linda auch ein völlig neues Gefühl, nämlich das der Geborgenheit. An seiner Seite konnte sie sich überhaupt nicht wirklich unsicher fühlen oder musste nicht irgendetwas spielen, was sie nicht war, auch keine Stärken, die sie nicht hatte. Bei ihm konnte sie klein und schwach sein, denn er verstand sie ja. Und das war ein Gefühl, das Linda noch nicht einmal in Gegenwart ihrer besten Freundin jemals gehabt hatte. – Gerade nicht bei Franzi mit ihrer superreichen, noblen, edlen und adeligen Verwandtschaft, die so abgehoben über der üblichen Realität schwebte, dass nicht einmal die anderen Oberschichtsfamilien ihrer ehemaligen Mitschüler an sie herankamen.

Aber dieser wahrlich gelungene Nachmittag ging viel zu schnell vorbei und reichte nicht dafür, ganze fünfundzwanzig Jahre aufzuarbeiten. Und auch Kay wäre am Ende gerne noch länger geblieben. Nachdem Linda ihre beiden Fahrgäste wieder zurück zu Toms Ente gefahren hatte, verabredete sie sich mit ihm für den Abend zum Essen. Dann verabschiedeten sie sich vorläufig voneinander.

Tom und Kay kamen rechtzeitig zum Beginn des Abendessens nach Hause zurück. Ursel deckte gerade den Tisch, an dem bereits Jana, Daniel und ihr Vater saßen und nur noch darauf warteten, endlich loslegen zu dürfen.

»Hey, habt ihr das gerochen?« Ursel hatte die beiden schon nicht mehr rechtzeitig zum Essen zurückerwartet und war froh, dass sie doch noch erschienen waren, und das sogar äußerst pünktlich. »Das nenne ich ja ein spitzenmäßiges Timing! Euch zwei Rübensüßchen hat es beim Baden wohl so gut gefallen, dass ihr besonders lange geblieben seid, was?«

Kay und Tom wuschen sich die Hände und setzten sich mit an den Küchentisch.

»Ja! Mama, wir sind in einem Burschen mit ohne Dach gefahren.« Kay war nachhaltig beeindruckt.

»Mit oder ohne Dach? Eins davon geht nur.« Daniel sonnte sich im Bewusstsein, klüger zu sein als seine kleine, dumme Schwester. »Und wie kann man denn in einem Burschen fahren?«

Kay ignorierte die Besserwisserei ihres Bruders und plapperte munter weiter. »Die Tante hat im Eisladen so ausgesehen wie eine Pampelmuse mit dicken Brüsten. Und am Goldsee hat sie ausgesehen wie die Biene Maja.«

»Sie meint einen Porsche Cabrio mit offenem Verdeck«, übersetzte Tom und erläuterte den Rest von Kays Erzählung: »Wir haben Linda Engel getroffen. Sie trug eine gelbe Bluse und später einen Bikini mit Tigerstreifen.«

»Oh, das Engelchen hat sich steigern können!«, flötete Ursel süffisant. »Wenn schon nicht sich selber, so kann sie jetzt endlich mal wenigstens ihren Wagen komplett oben ohne durch die Gegend bewegen. – Und das sogar ganz ohne Scham.«

Ralf ließ den lästerlichen Spruch seiner Frau nicht unkommentiert: »Tja, nicht nur bei Männern dient das Auto als erweiterter Phallus. Offenbar funktioniert das auch mit dem Dekolletee von Frauen.«

Ursel kicherte: »Aber nur, wenn sie Linda Engel heißen!« Sie hatte eindeutig keine besonders gute Meinung von Toms ehemaliger Mitschülerin und erntete einen giftigen Blick ihres Bruders.

Jana kam eine Idee für ein Rätsel. »Ha! Was ist das: Es ist schwarz und gelb gestreift, hat zwei große Ballons vorne dran, schwimmt im Wasser und geht nicht unter. – Wenn es keiner rät, kriege ich Weihnachten endlich das Schlagzeug. Na, wer weiß es?«

»Eine Pampelmuse mit 'nem großen Busen«, entgegnete Daniel spontan ohne nachzudenken.

»Und warum ist es dann schwarz-gelb gestreift, du Blöd-mann?« Daniel und Jana lagen permanent im Konkurrenz-kampf miteinander.

»Weil es den Bikini vom Tiger trägt, selber Blödfrau!« Während Daniel gegenüber der jüngeren Schwester seinen altersbedingten Vorsprung genießen durfte, halfen gegen den Alters- und Bildungsvorsprung der älteren Schwester nur noch solche einfachen Verunglimpfungen.

»Hey, keine Beschimpfungen! Und mehr Achtung vor-einander, bitte!« Ralf bedachte seine beiden Großen mit ei-nem strengen Blick, bevor er seine Aufmerksamkeit wieder dem Rätsel widmete. »Die Biene Maja mit zwei Schwimm-hilfen?«

»Falsch. – Weiterraten!« Jana begann, triumphierend zu grinsen.

»Tante Linda mit zu viel Silikon im Bikini?« Ralf schien Gefallen an diesem Spiel zu finden.

»Nee!« Jana triumphierte endgültig auf. »Ha, weil es keiner geraten hat, kriege ich also zu Weihnachten mein Schlagzeug!«

»Darüber reden wir noch.« Ralf bremste den Höhenflug seiner Ältesten wieder ab. »Was soll es denn nun gewesen sein?«

Jana holte für ihre wissenschaftliche Erläuterung aus: »Es ist eine mutierte Tigerente, die durch Genmanipulation so große Brüste gekriegt hat, dass sie immer obenauf schwimmt.«

Ralf schmunzelte. Ursel kicherte. Und Daniel grölte lachend los: »Plansche-Entchen Linda mit dicken Titten!« Er schlug sich lachend auf die Oberschenkel.

Nur Kay versuchte angestrengt, dem Gespräch inhaltlich zu folgen: »Ist panierte Gel-Munition was zum Essen oder was zum Schießen?« Kay drehte sich einmal im Halbkreis, um ihre Frage an alle zu richten, außer an Daniel, von dem sie keine Antwort erwartete, zumindest keine vernünftige. »Und macht eine Muhtier-Ente auch muh, wie eine Kuh?«

»Ich habe Gen-ma-ni-pu-la-tion gesagt.« Jana erklärte ihrer kleinen Schwester sachlich und geduldig, was sie meinte. Wer zu Hause einen verlässlichen und loyalen Koalitionspartner gegen einen nervigen Bruder brauchte, musste frühzeitig in die einzige Möglichkeit dafür investieren. »Das ist, wenn Wissenschaftler Mäuse züchten, bei denen Ohren von Menschen aus dem Rücken wachsen. Die Mäuse sind dann verändert. Das nennt man mu-tiert. Und ein verändertes Tier nennt man eine Mu-tante.«

Jana könnte später mal eine gute Lehrerein oder Professorin abgeben, dachte Tom. Auf jeden Fall konnte sie gut erklären.

»Und wenn Tante Linda schwarz-gelbe Streifen hat, dann ist sie auch eine Muh-Tante.« Ralf war ähnlich gut in die kommunikativen und sozialen Netzwerke Kurzenhagens eingebunden wie Ursel. Er kannte die alten Klatschgeschichten über die wilden Abenteuer aus Linda Engels Jugendzeit und es gefiel ihm, sich an den Lästereien seiner Frau zu beteiligen: »Unabhängig davon, ob der Rest von ihr nun echt ist oder doch eher durch Silikon mutiert!«

Die Runde kicherte, schmunzelte und lachte wieder drauflos. Nur Tom kaute stumm und leicht angesäuert auf ein paar Gurken und Tomatenscheiben herum. Ihm stießen sowohl der Inhalt als auch die Form dieser Unterhaltung auf. Ihr niveauloser und schlüpfrig verklemmter Schenkelklopfer-Humor war vor fünfundzwanzig Jahren ein weiterer Grund für ihn gewesen, vor seiner Familie und aus der Provinz in die Großstadt zu fliehen.

Toms und Ursels Eltern waren in Familien aufgewachsen, in denen Bildung nicht auch als wichtiges Element eines kritikfähigen Umgangs mit sich und anderen angesehen wurde. Ausgerechnet Toms Lieblingsfächer Deutsch, Psychologie und Philosophie und natürlich auch seine guten Leistungen darin hatten die Dinker-Thons – wie alles Künstlerische und Intellektuelle – gering geschätzt. Für sie war Bildung nur ein Werkzeug gewesen, um einen gewissen Wohlstand und gesellschaftlichen Status zu erreichen und sich die Villa im Parkviertel leisten zu können. Die gehörte nämlich nicht schon seit Generationen traditionell zum Familienbesitz, sondern der »Scharfrichter« hatte sie sich durch seine berufliche Tätigkeit erst genauso hart erarbeiten müssen wie seine Position in der Kurzenhagener Gesellschaft: Nur mit Härte gegen sich selber und gegen andere erreichte man gesellschaftliches Ansehen oder das soziale Topranking der eigenen Familie. Toms verstorbener Vater mochte in dieser Region und über sie hinaus eine Respektsperson gewesen sein, aber dieser Respekt vor ihm hatte nur aus Angst und nicht aus Achtung oder Wertschätzung bestanden. Außerdem war Bildung von den Dinker-Thons mit Ausbildung verwechselt worden und ein selbstbestimmtes Leben mit der blinden Befolgung nicht hinterfragter Konsumzwänge und der Unterordnung unter die Normen einer fremdbestimmenden Sozialhierarchie.

Aber vor allem hatte es in dieser Familie nur autoritäres Verhalten anstelle eines humanen Miteinanders gegeben und auch keinen Platz für Mitempfinden, sondern nur dafür, sich gegenseitig zu verachten und sich auf Kosten der anderen besser zu stellen. Diese Lästerei über Linda war typisch für die Kommunikation im Hause Dinker-Thon. Und das Herumreiten auf dem Klischee von Linda als oberflächlicher Sexbombe glich schon fast einer modernen Hexenjagd. Ursel und Ralf schienen sich überhaupt nicht über den Widerspruch zwischen dem nicht gelebten, aber von den Kindern eingeforderten Respekt füreinander bewusst zu sein. Während die Eltern anmaßend über eine Frau herzogen, über die sie nicht viel wussten, verlangten sie von ihren Kindern, dass diese sich gegenseitig achteten. Woher sollten die Kinder sich diese Achtung denn holen, wenn sie ihnen schon von den eigenen Eltern nicht vorgelebt wurde? Und in Ralf hatte Ursel offenbar einen Mann gefunden, mit dem sie das verächtliche Erbe der Eltern erfolgreich an die Nachfolgegeneration weitergegeben hatte. Weswegen sonst lagen sich Jana und Daniel permanent in den Haaren? Sie hatten scheinbar kein Miteinander gelernt, sondern nur ein Gegeneinander. Tom wusste ganz genau, warum er nicht gerne und nur äußerst selten nach Kurzenhagen zurückkam.

Ursel sah ihren Bruder an. »Tom, schmeckt es dir nicht? Du schmickerst doch sonst nicht so rum.«

»Ich habe mich um acht mit Linda im ›El Toro‹ verabredet. Deswegen möchte ich jetzt noch nicht so viel essen.«

»So!« Ursel hob ihre Augenbrauen. »Wo hat Linda denn ihren werten Gatten gelassen oder ist der mit dabei? Hatte die sich nicht den dicken Mopo-Daubner geangelt?«

»Ja, hatte sie. Jetzt ist sie noch mit einem Herrn May verheiratet, lebt aber in Scheidung.«

»Ah!« Ursel verzog süffisant grinsend eine Augenbraue. »Wie praktisch!«

Tom warf ihr einen verärgerten Blick zu, sagte jedoch nichts.

Eine Stunde später fand Tom einen Parkplatz neben dem Restaurant »El Toro«. Er sah über den Zaun in den Garten, wo die Außentische unter mehreren Trauerweiden versteckt standen, sodass die Gäste vor neugierigen Blicken geschützt waren und in einer angenehm natürlichen Atmosphäre ihre jeweilige Privatsphäre genießen konnten. Durch die herabhängenden Weidenzweige erblickte er an einem Tisch neben einem kleinen Teich eine große Tigerente mit dick aufgeblasenen Ballons vorne dran. Als er zwinkerte und noch einmal genauer hinsah, erkannte er Linda und das markante Goldgelb ihrer Bluse und Pumps.

• <> •

In Toms Fachwerkhäuschen saß Nana frisch geduscht in einem cremefarbenen Bademantel und mit einem gleichfarbigen Handtuch um die nassen Haare gewickelt auf der Armlehne des Sofas vor dem Terrassenfenster, trocknete sich mit einem weiteren Tuch die Beine und Füße ab und sprach zu dem schnurlosen Telefon, das auf laut gestellt auf dem Tisch vor ihr stand: »Oh, là, là! Und mit Engelchen, seiner Traumfrau! Wie süß!« Sie war amüsiert.

Ursels etwas irritierte Stimme entgegnete ihr aus dem Telefon: »Du weißt, dass er früher in sie verknallt war?«

»Natürlich weiß ich von seiner unerfüllten Jugendliebe: Wenn ich was an ihm schätze, dann seine Offenheit und dass —«

Ursel fiel ihr spöttelnd ins Wort: »Aber sag jetzt nicht ›Ehrlichkeit‹ Das würde ich nämlich eher ›übertriebene Selbstkritik‹ nennen. Und ›Übersensibilität‹. Er ist echt ein überdramatischer Dramaturg – oder?«

»Na ja! Ehrlichkeit ist sowieso immer nur so was Relatives.« Nana lachte wieder. »Dein Brüderlein macht sich ja manchmal sogar selber was vor, aber er ist dabei ein hundsmiserabler Schauspieler und so leicht zu durchschauen. Und genau das liebe ich an ihm.«

»Mich wundert ja, dass Linda auf einmal so dicke mit ihm ist.« Ursel kam wieder zu ihrem eigentlichen Thema zurück. »Die passen doch gar nicht zusammen. Und in der Schule hat sie ihn auch immer links liegen lassen. Baggert die ihn jetzt nur an, weil er erfolgreich geworden ist?«

Nana schmunzelte. »Na, mich wundert hier überhaupt nichts. Sie hat ihm jedenfalls gemailt, dass sie zu haben ist. Und er ist die letzten Tage rumgelaufen wie ein Kater im Frühling.«

»Na, sag mal!« Ursel war empört, aber auch irritiert: »Beunruhigt dich das denn gar nicht?«

»Warum sollte mich das beunruhigen?« Nana runzelte die Stirn über diese Frage und konzentrierte sich darauf, sorgfältig ihre Zehenzwischenräume trocken zu reiben.

»Na, das Weib hat noch alle Männer rumgekriegt. Die wackelt mit ihrem dicken Busen rum und schon geht's los. Heute Nachmittag war sie für ihre Anmache im *Tigerbikini* aufgetakelt.«

»Ach du großer Gott!« Nana lachte jetzt laut los. »Falls er sich davon anmachen lassen sollte, leidet er wohl gerade unter den Nachwehen jugendlicher Unreife oder so was.«

»Du findest das witzig?« Ursel war immer noch irritiert.

»Ach, Ulli! Unser Sensi-Lelli kann doch nicht wirklich was mit einem Püppchen anfangen. Jedenfalls nicht auf Dauer. Und falls er es trotzdem versuchen sollte, wird er sich dafür selber in den Arsch beißen. Und vielleicht braucht er ja auch mal so eine reale Erfahrung, um seinem Lieblings-Skript endlich den allerletzten Feinschliff geben zu können.« Nana nickte spöttisch grinsend und gespielt beeindruckt mit dem Kopf. »Tigerbikini!«

•• <> ••

LINDAS LIEBESLAUBE, ODER:
DATE MIT DONNERWETTER

Der Abend im »El Toro« hätte für Linda und Tom nicht besser verlaufen können. Das Essen war vorzüglich, der Wein erlesen und die Atmosphäre völlig unverstellt, locker und unterhaltsam. Nicht mehr so verklemmt wie früher, als er noch unter seiner schüchternen Unsicherheit gelitten hatte und sie unter dummer Arroganz. Und als sie davon ausgegangen waren, etwas darstellen und spielen zu müssen. Nein, heute konnten sie völlig entspannt und offen sein und die wundervolle harmonische Stimmung des frühen Sommerabends genießen. – Einfach traumhaft! Als aber mit hereinbrechender Dämmerung die Mücken aus dem Teich aktiv wurden, mussten die beiden zwangsweise die Flucht antreten.

»Wohin? Nach drinnen?« Tom sah Linda fragend an.

»Doch nicht bei diesem Wetter! Ich weiß was Besseres und zwar draußen, in unserer herrlichen Mutter Natur. Aber lass uns erst mal zahlen. – Ach, ich liebe die Natur!« Die beiden gingen zur Kasse, Tom zahlte und als er noch mal kurz auf die Toilette eilte, zeigte ein älterer Kellner Linda anerkennend und verschwörerisch grinsend seinen erhobenen Daumen.

Linda lächelte triumphierend zurück: »Ja, danke! – Der Trick mit den Mücken funktioniert auch noch nach über fünfundzwanzig Jahren. Auf die Natur ist eben Verlass.«

• <> •

Zwanzig Minuten später parkten Tom und Linda Ente und Porsche zwischen einigen anderen Autos auf dem Parkplatz vor einer größeren Ansammlung von Schrebergartenparzellen. Über dem Eingang der Laubenkolonie thronte das

Namensschild: »ABENDFRIEDEN«. Tom war vorher noch nie in der Schrebergartenkolonie Kurzenhagens gewesen. Seine Eltern hatten die Meinung vertreten, dass Kleingärten nur etwas für »kleine« Leute wären und eine Familie Dinker-Thon so etwas nicht nötig hätte. Tom war solche Dünkelhaftigkeit seiner Eltern immer peinlich gewesen. Aber mit dem kleinen Park um die Villa hatten sie auch tatsächlich keinen zusätzlichen Garten benötigt.

Tom erinnerte sich nun wieder an die diffusen Andeutungen, die Hardi Wehn früher manchmal zu den geheimen nächtlichen Zusammenkünften von Rudi, Olli, Bernhard, Linda, Franziska und Andrea Sperling in Familie Engels Gartenhütte gemacht hatte. Was genau dort in »Lindas Liebeslaube«, wie Hardi Wehn das Häuschen getauft hatte, passiert war, wusste Tom bis heute nicht, da der Sohn des Getränkegroßhändlers nie konkret geworden oder ins Detail gegangen war und sich beharrlich darüber ausgeschwiegen hatte. Aber Hardis Bezeichnung für den heimlichen Treffpunkt der Revolutionäre und ihrer Freundinnen ließ natürlich erahnen, mit welchen Abenteuern die sechs sich die Nächte um die Ohren geschlagen hatten.

Die Phase mit den Treffen auf der Parzelle mit der Nummer 7 war in die Zeit gefallen, als Thomas Dinker-Thon bereits vermutete, dass Linda ihre Oberflächlichkeit nur als Maske zum Selbstschutz vor sich herschob. Damals hatte er allerdings geglaubt, sie benötigte diese Maske nicht gegenüber ihren Freunden und stellte sie nur zur Schau, solange sie sich in der Schule unter all den Oberschichtskindern aufhielt. Da er nicht wirklich gewusst hatte, was die sechs Geheimniskrämer in der Laube veranstalteten, hatte Thomas Dinker-Thon wenigstens versucht, seine Vorstellungen davon so realistisch wie möglich zu halten. Er war sich damals bewusst gewesen, dass ihm seine Fantasie hef-

tige Streiche spielen konnte, wenn er sich selber etwas aus-
malte, es ihm aber an faktischen Informationen über den
sich vorzustellenden Sachverhalt mangelte. Er war nicht
davon ausgegangen, dass die sechs Abenteurer die ganze
Zeit nur wundervolle romantische Abende miteinander verbrachten und sich bei Kerzenschein gefühlvolle Gedichte
von Rilke oder Wilde vorlasen. Thomas Dinker-Thon hatte
angenommen, die Laube sei auch so etwas wie ein konspi-
rativer Treffpunkt für die Revolutionäre gewesen, um dort
unbeobachtet ihre politische Literatur zu diskutieren und
ihre subversiven Aktionen zu planen. Warum sonst hätten
sie solch eine Geheimnistuerei darum machen sollen? Als er
dann in die Phase kam, in der er geargwöhnt hatte, die
konspirativen Aktivitäten seiner Mitschüler könnten auf fa-
natischer oder revolutionsromantischer Verblendung anstatt
auf einer realistischen und fundierten Gesellschaftsanalyse
fußen, war er auch darüber ins Zweifeln gekommen. Thomas Dinker-Thon hatte sich damals gefragt, ob diese äußerst kritische Einschätzung vielleicht nur wieder seiner –
wie üblich – viel zu skeptischen Haltung entsprang. Oder
sogar dem Bestreben seines ungesunden Egos, den Revo-
luzzern Schlechtes anzudichten, nur damit er selber sich
dadurch besser fühlen konnte.

Bereits nach Bernhards Entschuldigung hatte Tom ein-
geräumt, dem ehemaligen Mitschüler mit seiner negativen
Einschätzung wohl Unrecht getan zu haben. Nun war Tom
am überlegen, ob er nicht seine gesamte Meinung über das
revolutionäre Trio, ihre Freundinnen und deren Umtriebe
in der »Sieben« in eine positive Richtung revidieren musste.
Um ein zärtliches und leidenschaftliches Zusammensein
war es in der Laube sicher ebenfalls gegangen. Schließlich
war dabei das sogenannte »Vögel-Baby« entstanden. Zumindest wurde damals gemunkelt, dass Miriam, die Tochter von

Olli und Andrea, ihre Existenz möglicherweise den heimlichen Treffen in »Lindas Liebeslaube« zu verdanken hatte. Aber genauso wie der Zeugungsort Miriams waren auch die sonstigen Ereignisse in der »Sieben« für die Öffentlichkeit letztendlich im Unklaren geblieben.

Toms Annahmen über den konspirativen Inhalt der Zusammenkünfte in der Laube mochten seinem zu negativen Interpretationsfilter zum Opfer gefallen sein. Aber seine Vorstellungen über die romantischen Abenteuer in der Laube hatte er sorgfältig vor dem Einfluss solcher Filter bewahrt. Und in den vergangenen fünfundzwanzig Jahren waren sie zusätzlich von exakt den temporalen Deformationen in die Mangel genommen worden, denen Vorstellungen, die auf unerfüllten Jugendlieben basierten, meistens unterliegen. In diesem Prozess hatte die Erinnerung wie üblich als effektive Politur funktioniert: alles potentiell Negative, jeder noch so kleine störende Fussel war eliminiert worden und übrig geblieben war die saubere, glänzende, schimmernde und wunderschöne Oberfläche. Aber über diese euphemistische Wirkung der Zeit auf die Erinnerung machte sich Tom Dithon an diesem Abend überhaupt keine Gedanken.

Nun war er alles andere als ein Revolutionär und er plante auch nicht, mit Linda in die geheimnisumwitterte Gartenlaube zu fahren, um sich auf ein Techtelmechtel – oder sogar auf mehr – mit ihr einzulassen. Der Nachmittag war jedoch erstaunlich nett verlaufen und seine Begleiterin hatte ihn mit ihrer selbstkritischen Offenheit und Auseinandersetzungsfähigkeit aufs Angenehmste überrascht. Natürlich hatte er sie nicht auf ihre Oberflächlichkeit als Maske angesprochen, denn er hatte sie nicht beleidigen wollen, indem er ihr etwas Negatives vorhielt, selbst wenn es nur gespielt war. Aber sie hatten allgemein über Masken geredet, hinter denen man für gewöhnlich zum Selbstschutz seine

Schwächen und Verletzlichkeiten verbarg. Und sie hatten darüber gesprochen, wie es für Linda gewesen war, als Einzige unter ganz anderen sozialen Bedingungen als alle anderen Mitschüler aufzuwachsen. Er hatte damals tatsächlich recht gehabt mit seinen Vermutungen, dass sich Linda zwischen all diesen gutbürgerlichen Mitschülern miserabel und verloren gefühlt haben musste. Und sie schien ihm eindeutig dankbar dafür gewesen zu sein, sogar erleichtert, endlich einmal mit jemandem darüber reden zu können. Hatte sie sich denn noch nie jemandem zu diesem Thema anvertraut? Nicht einmal ihrer Busenfreundin Franziska? – Aber Tom gegenüber war sie zum ersten Mal ganz offen gewesen! Er hatte sich geschmeichelt gefühlt.

Umso mehr hatte er bedauert, dass dieser wunderbare Nachmittag so fürchterlich schnell schon wieder vorbei gewesen war, und sich riesig gefreut, als Linda vorgeschlagen hatte, sich abends im »El Toro« zu verabreden. Und als dort die Mückenplage aus dem nahen Teich über sie hereingebrochen war, hatte Tom sich zunächst noch keine Gedanken gemacht, wie dieser Abend möglicherweise ausgehen könnte – auch nicht, als er Linda zu den Schrebergärten gefolgt war. Erst als er auf dem Weg hierher ein Wetterleuchten bemerkt hatte, war ihm in den Sinn gekommen, dass er eventuell in einem Gewitter feststecken und dadurch verspätet wieder bei seiner Schwester eintreffen könnte. Zum ersten Mal ärgerte es ihn, sein Handy nicht dabeizuhaben. Und er hatte es diesmal nicht nur aus reiner Gewohnheit, sondern sogar ganz bewusst und absichtlich nicht mitgenommen, um im »El Toro« mit Linda völlig ungestört zu sein.

Gleich nachdem die beiden auf dem Parkplatz der Laubenkolonie aus ihren Wagen geklettert waren, lieh Tom sich Lindas Handy, um seine Schwester über seine wahrscheinliche Verspätung zu informieren. Zwischen ihm und

Ursel gab es die Vereinbarung, sich bei unvorhergesehenen Ereignissen oder Planänderungen auf jeden Fall gegenseitig Bescheid zu geben, damit sich niemand unnötig Sorgen zu machen brauchte. Und diesen schönen Abend wollte Tom auf keinen Fall schon wieder abbrechen – er durfte ruhig noch etwas länger dauern. Doch in Lindas Handy war der Akku leer und die Laube besaß keinen Telefonanschluss. Tom überlegte kurz und beschloss, die Angelegenheit auf sich beruhen zu lassen. Dann war Ulli dieses eine Mal eben nicht informiert.

Weil Tom mit ihrem Handy hantierte und abgelenkt war, bemerkte er gar nicht, wie Linda unter dem Beifahrersitz ihres Wagens eine große Umhängetasche hervorholte, in der sie zwei Flaschen Champagner verborgen hatte. Mit einem Blick auf das Wetterleuchten und nachdem sie die Luft geprüft hatte, schloss sie vorsorglich das Verdeck ihres Porsches. Anschließend betraten die beiden den Hauptgang der Schrebergartenkolonie Abendfrieden. Er war nur sehr spärlich von einigen wenigen Laternen beleuchtet und vor einigen der angrenzenden Hütten saßen ein paar Laubenbewohner in gemütlicher Runde und grillten.

Linda führte Tom zu der Laube, die einst ihren Eltern gehört hatte. Nun war das Häuschen im Besitz der Witwe eines Cousins von Linda, und die hatte die alte »Sieben« erst vor Kurzem renoviert und in frischem Weiß angestrichen, sodass sie richtig schmuck aussah. Nur die kupferne Parzellen-Nummer 7, die ordentlich befestigt, aber im leuchtenden Grün ihrer verwitterten Patina, neben der Eingangstür des Häuschens hing, ließ erahnen, dass sie hier schon lange Zeit draußen in Wind und Wetter verbracht hatte. Die Laube bestand aus einem einzigen größeren, länglichen Raum, einem überdachten Sitzplatz davor und einem kleinen Schuppen daneben. Obwohl die Kolonie mit Strom versorgt wurde, besaß die Parzelle 7 keinen eigenen Anschluss. Weder drinnen noch draußen gab es elektrische Lampen oder Geräte, die mit Strom betrieben wurden. Auch der Raum war nur karg eingerichtet: Vorne am Eingang standen ein Küchenschrank, dem Stil nach noch aus den Sechzigern, und ein kleiner, runder Tisch mit vier einfachen Küchenstühlen aus Holz. Der hintere Teil wurde fast komplett von einem großen und ebenfalls schon älteren Doppelbett ausgefüllt, das immerhin mit einer neuen und auch saubereren Tagesdecke abgedeckt war. Den Tisch, zwei der Stühle, zwei Gläser und einige Kerzen holten Tom und Linda nach draußen, um es sich damit unter dem Vordach gemütlich zu machen. Linda stellte noch eine Champagnerflasche dazu und ließ den Korken knallen.

Das Wetterleuchten schien sich langsam zu nähern, denn die Blitze nahmen an Häufigkeit und Intensität zu und Tom fühlte sich rundum zufrieden. Dies war wirklich ein stimmungsvoller und gelungener Abschluss dieses schönen Tages. Beim ersten Schluck Champagner fühlte er sich sogar noch besser und nachdem er zum dritten Mal am Schaumwein genippt hatte, begann er innerlich zu schweben. War dies hier etwa der Lohn getaner Mühen, das Ziel nach sieben entbehrungsvollen Semestern härtester Selbstbearbeitung? Das wundervolle Schicksal, von dem er als Junge und Jugendlicher immer befürchtet hatte, dass es anderen vorbehalten war und ihm, Thomas Memme Dinker-Piepston niemals widerfahren würde?

Die bezaubernde, friedliche Abendstimmung, der Champagner und Toms Hormone taten ihre Wirkung. War er nach dieser langen Odyssee über Berlin wieder zu Hause angekommen, um endlich überhaupt mal anzukommen? – Ja, so musste es wohl sein.

• <> •

Linda und Tom traten ins Dunkel der Laube und Tom stellte zwei Kerzen in das einzige Fenster, das nach vorne raus zum Hauptgang der Laubenkolonie wies. Ihr Licht reichte mal gerade aus, um den vorderen Teil des Raumes schwach zu erleuchten, das Bett im hinteren Teil war kaum sichtbar. Als Linda die Kerzen nach hinten tragen wollte, hielt Tom sie zurück. »Es kann doch viel interessanter werden – im Dunkeln.«

Linda und Tom verschwanden im Dunkeln der Laube und nach einer Weile war von ihnen nur noch das Quietschen des Betts zu vernehmen.

Tom begann Linda zu streicheln. »Möchtest du eine gemütliche Landpartie oder lieber eine rasante Jagd über den Highway?«

»Was?« Linda war verwundert. Meinte Tom das ernst? Sie hätte nicht gedacht, dass ausgerechnet er ebenfalls zu diesen verspielten Typen gehörte, die immer erst eine riesige Show abziehen mussten, bevor sie auf Touren kamen: mit Teddybären, einem Spielzeug-Feuerwehrauto oder verkleidet. Linda hatte beim Sex schon so viele infantile Männer erlebt, dass sie inzwischen glaubte, Männer wären grundsätzlich unfähig, soziale Reife zu entwickeln und erwachsen zu werden. Innerlich schüttelte sie ihren Kopf, sagte aber nur: »So schnell wie möglich.«

Es herrschte eine Weile Schweigen im Dunkeln, nur das Bett quietschte wieder, während sich Tom vorsichtig vorwärts tastete. Ihm schien es nicht so, als ob Linda einen Fahrer brauchte, der so schnell wie möglich fuhr. »Bist du sicher?«

»Ja.« Linda bestätigte ihren Wunsch noch einmal, bemerkte aber, dass Tom nun plötzlich an ihren Füßen herumzuspielen begann. »Hey! Was machst du denn da unten?«

»Spazieren fahren, pst!«

Während sich draußen das Gewitter näherte, gelang es Tom im Dunkel der Laube, mit etwas, das er auf keinen Fall als »schnell«, sondern eher als »vorsichtige Landpartie im dichten Nebel« bezeichnet hätte, Linda dorthin zu bekommen, wo er sie hinhaben wollte. Zum Quietschen des Bettes und dem näherkommenden Donnergrollen gesellte sich nun auch Lindas schwerer werdender Atem, bis sie anfing zu stöhnen und dann laut und pulsierend aufschrie. Aber im selben Moment blitzte es grell und Lindas Schreie gingen in dem sofort folgenden Donnergetöse und dem anschließenden langen Grollen unter.

»Oh Gott!« Linda stöhnte leise, als sie wieder einigermaßen Luft holen und sprechen konnte. »Großer Gott!« Und auch Tom japste noch nach Luft, als die beiden hörten, dass sich von draußen Schritte und mehr oder weniger aufgeregte Stimmen näherten. Lindas Schreie hatten drei Laubennachbarn alarmiert, die nun, falls nötig, zu Hilfe eilen wollten.

»Aber hat sie nicht schon kurz vor dem Blitz geschrien? Und die hängen doch auch gar nicht am Strom. Vielleicht ist sie ja nur im Dunkeln gestolpert«, bemerkte die erste Stimme.

»Und dann solche Schreie?« Der zweite Laubennachbar klang besorgter.

Eine dritte Stimme ließ sich vernehmen: »War da nicht auch noch ein Mann dabei?«

Es klopfte an der Tür und die erste Stimme meldete sich wieder: »Hallo, ist alles in Ordnung?«

»Geht's Ihnen gut oder brauchen Sie Hilfe?« Diese Frage kam vom dritten Kleingärtner.

Und auch der zweite Nachbar fragte gleich hinterher: »Sollen wir einen Notarzt rufen? Oder die Polizei?«

Linda sprang vom Bett auf, wickelte sich die Tagesdecke um ihren Körper, rannte an die Tür, öffnete sie einen winzigen Spalt breit und wimmelte die Laubenkolonisten ab. »Danke für Ihre Sorge, aber ich habe mir nur den kleinen Zeh gestoßen.«

Der zweite Schrebergärtner fragte skeptisch zurück: »Nur einen Zeh?«

»Ja, hat höllisch wehgetan, aber er ist nicht gebrochen, ich kann ihn noch bewegen. Vielen Dank für ihre Fürsorge, aber es ist alles in Ordnung.« Linda schloss die Tür.

Die Stimmen der Nachbarn entfernten sich wieder. »Na, dann«, sagte der Dritte beiläufig. »Kommt, Jungs!«

»Das klang aber nach mehr als nur einem gestoßenen Zeh.« Auch der erste Kleingärtner kommentierte Lindas Erklärung für die Unterbrechung ihres Abendfriedens etwas ungläubig.

»Ja, das klang eher so, als ob sie gefoltert worden wäre«, fügte der zweite Mann hinzu.

»Nee, das klang eher so, als ob sie sich was anderes hat stoßen lassen«, sagte der dritte Nachbar mit einem leichten Kichern.

»Na, gut. Wir sollten vielleicht erst mal abwarten«, meinte der Erste.

»Wenn ihr meint«, fügte der Zweite unentschlossen hinzu.

Linda und Tom lachten leise, ein zweiter greller Blitz und Donner folgten. Und dann brach auch schon der Regen los. Das Gewitter tobte jetzt genau über ihnen. Linda zog sich zu Tom auf das Bett zurück und kuschelte sich eng an ihn. »Kannst du noch einmal, du Fahrkünstler?«

Im Tosen des Gewitters, liebten Linda und Tom sich ein zweites Mal. Und diesmal brauchten sie sich keine Gedanken darüber zu machen, ob sie vielleicht wieder die Laubennachbarn aufschrecken könnten. Ihre eigenen Geräusche gingen im Donnergrollen unter und der Regen vertrieb die Laubenkolonisten in die trockene Sicherheit ihrer Hütten. Und das Unwetter ließ sich – und somit auch Tom und Linda – viel Zeit.

• <> •

Als das Gewitter langsam abklang und nur noch entfernt einzelne Donner grollten, stand Tom auf und zog sich an. »Ich find's ja auch richtig schade. Aber Ulli wird sich Sorgen machen, wenn ich mich nicht melde: wir sagen uns immer Bescheid, wenn uns was dazwischenkommt oder sich unsere Pläne ändern.«

Linda seufzte auf: »Ja, echt blöde, dass ich nicht dran gedacht habe, den Akku aufzuladen. So 'n Mist!«

Tom tröstete sie: »Ach, ich komme ja gleich morgen früh wieder.« Er verabschiedete sich mit einer Umarmung im Dunkeln und ließ Linda allein zurück.

• <> •

Im Haus seiner Schwester fand Tom Ursel und Ralf eng aneinandergeschmiegt unter einer von Ursels bunten Häkeldecken auf dem Sofa im Wohnzimmer. Sie sahen fern. Im Nachtprogramm lief ein alter Gruselschocker und draußen zog erneut ein Gewitter auf.

Ursel blickte nicht vom Fernseher auf. »Hallo, Tom! Nana hat vorhin angerufen. Ich soll dir ausrichten, dass sie am Wochenende leider arbeiten muss und nicht mit zum Klassentreffen kommen kann. – Habt ihr im Gewitter festgesessen?«

»Ja. Ehm, danke.« Tom legte im Moment weder Wert auf Grusel noch auf Gesellschaft oder Kommunikation und eilte an den beiden vorbei nach oben in sein Gästezimmer.

»Und ich lege mich gleich hin, gute Nacht!« Er wollte allein sein. Etwas nagte an ihm und er wusste nicht genau, was es war. Auf dem Nachhauseweg hatte ihn irgendein merkwürdig diffuses Gefühl der Beklemmung beschlichen.

Lindas Sätze, als sie sich heute getroffen hatten, gingen ihm nicht aus dem Kopf: Punker hätten bei Pelz-Jahn randaliert. Die Punker, die ihm und Kay über den Weg gelaufen waren, hatten ebenfalls etwas von »Pelzdielen« gejohlt. Und schon wenige Minuten später stand Rudi als Glaser bei Jahn vor dem Laden? Der Anschlag auf das Pelzgeschäft konnte also nicht von den Punkern verübt worden sein, die er in der Fußgängerzone angesprochen hatte. Oder etwa doch? In Berlin hätte Tom tagelang und sogar im Notfall wenigstens stundenlang warten müssen, bis endlich mal ein Handwerker aufgetaucht wäre. Und soweit er sich erinnern konnte, hatte Rudi nicht gerade zu den zuverlässigen oder pünktlichen Schülern gehört. Im Gegenteil, er war morgens fast immer als Letzter und mit immenser Verspätung zur ersten Unterrichtsstunde erschienen. Sollte sein ehemaliger Mitschüler Rudi sich etwa ebenso wie Bernhard um hundertachtzig Grad gedreht haben? Und die beiden Punker, die ihnen begegnet waren, hatten auf Tom irgendwie gekünstelt gewirkt und so gewollt abgerissen ausgesehen wie Statisten in einer billigen Filmproduktion. Die Punks, die Tom aus Berlin kannte, sahen jedenfalls anders aus als die hier in Kurzenhagen und hatten auch andere Sachen im Kopf als Geschäfte zu attackieren. Irgendwie passte da eins nicht zum anderen.

Nachdem Tom seine Gedanken über die mögliche oder doch eher unmögliche Verbindung zwischen Punks und Pelzladen hin und her gedreht und gewendet hatte, bis sie endgültig nichts – absolut gar nichts – mehr hergaben, um ihn von seinem schlechten Gewissen darüber abzulenken, dass er Nana untreu geworden war. Widerstrebend aber unausweichlich wandte er seine Gedanken diesem anderen, wesentlich unangenehmeren Thema zu: Da stand ihm eine äußerst unschöne Geschichte bevor.

Die Beziehung mit der Maskenbildnerin Diethilde, seiner ersten und einzigen Freundin vor Nana, war schon nach kurzer Dauer kläglich schiefgelaufen. Aber das war, rückblickend gesehen, auch kein Wunder gewesen, hatte Tom damals doch Liebe mit etwas ganz anderem verwechselt. In der unsicheren Diethilde hatte er nur seine eigenen Schwächen wiedererkannt und sie dann stellvertretend für sich selber geachtet. Ihr hatte er die Achtung und Wertschätzung zukommen lassen, die er selber als Kind und Jugendlicher gerne gehabt und so schmerzlich vermisst hatte. Das war aber nur ein Teil dessen gewesen, was eine Liebesbeziehung brauchte. Zwischen ihm und Diethilde hatte vor allem das erotische Element gefehlt, das in solch einem Stellvertreterkonstrukt einfach nicht enthalten war. Liebe war eben doch mehr als »nur« Achtung und Respekt füreinander.

Mit Nana dagegen war er bis jetzt immer glücklich gewesen und er hatte sie noch nie betrogen, nicht einmal für einen One-Night-Stand. Tom war nicht der Typ für Seitensprünge, er war treu. Wenn er sich in einer Beziehung befand, gab es für ihn nur diese eine Frau. Er war sogar so treu, dass Ursel schon die Hochzeitsglocken für Nana und ihn hatte läuten hören, zumal sie seine Freundin auch sehr gern mochte. Also wollte Tom auf keinen Fall, dass seine lästerliche Schwester etwas von dieser Geschichte mit Linda mitbekam. – Das war auch der Hauptgrund, oder eigentlich der einzige Grund, warum er nicht bei Engelchen in der Laube geblieben, sondern wieder zurückgekehrt war. Erst recht nicht sollte Nana etwas von dieser Angelegenheit erfahren, bevor Tom selber mit ihr geredet hatte. Und ganz besonders sollte sie nicht durch Ursel davon erfahren. Aber für Linda würde er sich von Nana trennen müssen. Und bei diesem Gedanken wurde ihm noch mulmiger zumute, als er sich sowieso schon fühlte.

Irgendetwas stimmte an dieser ganzen Situation nicht. Doch er wusste nicht, was es war. Nur, dass es irgendwie überhaupt nicht richtig war, wenn er plötzlich Geheimnisse vor Ursel hatte – und Linda gegenüber sein nicht vorhandenes und ihr funktionsuntüchtiges Handy als Ausrede benutzte und ihr nicht wirklich sagte, warum er über Nacht nicht bei ihr in der Laube bleiben wollte. Tom hatte gerade Fakten geschaffen, die ihn überforderten. Er war es einfach nicht gewohnt, jemanden zu belügen.

Nachdem er sich ausgezogen und ins Bett gelegt hatte, beobachtete er, wie der Regen an sein Fenster prasselte. Die Blitze des zweiten Gewitters warfen immer wieder kurz den Schatten des Fensterkreuzes an die gegenüberliegende Wand. Tom konnte einfach nicht einschlafen. Unruhig wälzte er sich im Bett hin und her, während der Wind immer heftiger den Regen gegen das Fenster peitschte. Er stand wieder auf, trat ans Fenster und redete beschwörend auf sich selber ein: »Positiv denken, du skeptischer Pessimist! Positiv!«

•• <> ••

ALLE KOMMEN

Kurzenhagen, Laubenkolonie Abendfrieden, Parzelle 7: Als Linda am nächsten Morgen vor die Laube trat und sich verschlafen dem Himmel entgegenstreckte, schien wieder die Sonne. Die Gewitter der Nacht hatten sich verzogen, genauso wie die Laubennachbarn. Spätestens vom zweiten Unwetter waren die meisten von ihnen nicht nur in ihre Lauben, sondern vollständig aus der Kolonie vertrieben worden. Linda konnte in den umliegenden Parzellen keine Kleingärtner entdecken, war aber nicht gerade besonders traurig darüber. Unbehelligt von überfürsorglichen oder auch voyeuristischen Laubennachbarn genoss sie es, nackt im kalten Wasserstrahl des alten mechanischen Pumpbrunnens neben der Hütte zu baden.

• <> •

Frankfurt, Flughafen; strahlender warmer Sonnenschein: Franziska von Lauenstein bestieg, nur mit ihrem Notebook im Handgepäck, die Gangway zu ihrem Flieger nach Hannover.

• <> •

Hamburg, Bernhard-Nocht-Straße, noch etwas unterkühlt, aber auch hier im Norden strahlender Sonnenschein: Bernhard und Rike standen mit Arafat auf dem Bürgersteig vor ihren beiden geparkten Autos, einem Mini und einem BMW, und stritten sich darüber, welcher Wagen sie nach Kurzenhagen bringen sollte.

Rike dachte praktisch: »Wenn wir in deinem Mini fahren, werden wir während der anderthalb Stunden Fahrt und bei *dem* Wetter zu drei gegrillten Fleischklopsen!«

Aber Bernhard hatte gewichtige politische Gegenargumente. »Ich fahre nicht freiwillig in deiner Angeber-Karosse! Ich lass mich nicht mit so einer dekadenten High Society Limousine korrumpieren!«

»Sturkopf! Ich habe mir das Auto doch nicht gekauft, um damit zu protzen, sondern weil es bequem ist.« Da Bernhard nicht auf ihren Einwand reagierte, überlegte Rike sich ebenfalls eine politische Begründung, den BMW zu nutzen: »Wir können ja demokratisch vorgehen. Und dabei steht es dann zwei zu eins: Arafat und ich sind für mein Auto, weil es größer ist und ein Schiebedach hat.« Bernhard reagierte immer noch nicht, also versuchte Rike ein neues Argument. »Du kannst auch selber fahren, wenn du willst.«

»Na, gut«, brummte Bernhard widerwillig.

Rike sackte innerlich zusammen. Darum also war es Bernhard gegangen: Er wollte nur nicht gefahren werden und vor allem nicht von einer Frau. Wie gut, dass sie noch auf des Pudels Kern gestoßen war, sonst hätte sich diese pseudopolitische und am eigentlichen Problem vorbeigehende Debatte möglicherweise ins Endlose gezogen. Rike schloss ihr Auto auf, ließ Arafat auf die hintere Sitzbank springen, warf Bernhard ihre Schlüssel zu und murmelte kopfschüttelnd vor sich hin: »Probleme hat dieser Mensch!«

• <> •

Kurzenhagen, Laubenkolonie Abendfrieden, Parzelle 7: Linda war in die Stadt zum Einkaufen gefahren und kam vollgepackt mit Butter, Marmelade, einer Tüte frischer Brötchen und mehreren bis an den Rand vollen Einkaufstüten von Modehäusern und Drogerien wieder zurück.

• <> •

Über den Wolken, Flugzeug: Franziska saß in der ersten Klasse an einem Fensterplatz, sah aber nicht hinaus, sondern konzentrierte sich auf die Grundrisszeichnung ihres italienischen Landhauses auf dem Bildschirm ihres Notebooks.

• <> •

Hamburg, irgendwo mitten im Straßenverkehr: B.R.D. lenkte den Wagen seines Weibchens konzentriert durch den dichten Verkehr über eine stark befahrene Kreuzung. Arafat kam auf dem Rücksitz des großen Gefährts seines Alphatieres bereits kurz nach der Abfahrt ins Schwitzen und begann zu hecheln. Als Rike ihn hörte, drehte sie sich zu ihm um und öffnete sofort das Schiebedach. »Hey, Dicker, wird dir jetzt schon die Luft zu knapp? Na, dann genießen wir doch die korrumpierenden Vorzüge dieser dekadenten Kapitalistenkutsche und machen einfach mal das Dach auf.«

• <> •

Kurzenhagen, Laubenkolonie Abendfrieden, Parzelle 7: Linda stand an dem kleinen Fenster der Laube, schaute hinaus und strich sich nachdenklich über das Haar. In Erinnerung an gestern Abend durchlief sie ein wonniger Schauer und sie musste unwillkürlich lächeln. Bis Tom zu ihr zurückkehren würde, blieb ihr noch etwas Zeit. Also legte sie sich auf ihr Doppelbett und begann, sich selber zu lieben.

• <> •

Irgendwo auf dem Lande, am Rande eines Dorfes; strahlend blauer Himmel, nur verziert von einigen wenigen Kondensstreifen: Zwei Jungen standen in verdreckten Gummistiefeln auf einem matschigen Weg neben einer Scheune und sahen in den Himmel. Der ältere Junge zeigte auf einen gerade entstehenden Kondensstreifen und erklärte dem jüngeren, wie der Streifen am Himmel erzeugt wurde. Dem kleineren Jungen stand staunend der Mund offen. Dann fing er an, ein Flugzeug zu imitieren, indem er seine Arme ausbreitete und über den Weg durch den Matsch tanzte. Mit vibrierenden Lippen summend ahmte er dabei die Motorengeräusche nach.

• <> •

Kurzenhagen, Laubenkolonie Abendfrieden, Parzelle 7: Linda lag mit geröteten Wangen auf ihrem Doppelbett und lächelte glückselig gegen die Decke der Laube.

• <> •

Flughafen Hannover-Kurzenhagen: Franziska von Lauenstein trat aus ihrem Flieger und stieg die Gangway hinab.

• <> •

Kurzenhagen, vor dem Haus der Daubners: Bernhard, Rike und Arafat wurden von Frau Daubner empfangen, die ihren Sohn herzlich umarmte. »Pünktchen! Schön, dass ihr endlich da seid.«

Bernhard entwand sich murrend ihrer Umarmung. »Du sollst mich doch nicht immer ›Pünktchen‹ nennen!«

»Ach! Nun sei nicht so empfindlich, Schätzelchen! – Komm, lass dich knuddeln!«

Diese Bemerkung seiner Mutter brachte Bernhard aber erst richtig auf die Palme. Gereizt brüllte er sie an: »Und ich bin auch nicht dein ›Schätzelchen‹. Ich bin inzwischen erwachsen. Und schon gar nicht lasse ich mir von irgendwem

vorschreiben, ob oder wie empfindlich ich zu sein habe!«
Genervt schob er sich an seiner Mutter vorbei ins Daub-
nersche Haus.

Hinter ihm zog Rike mit ihren Fingern ihre Mundwinkel
herunter, während sie Bernhard mit Arafat ins Haus folgte.
»Der hat schon den ganzen Tag so schlechte Laune.«

»Ach, alles halb so schlimm!« Mutter Daubner wiegelte
lächelnd ab und schloss hinter ihren drei lang ersehnten
Gästen die Haustür.

In einem Taxi: Franziska nutzte auch die Taxifahrt vom
Flughafen nach Hause, um mittels ihres Notebooks pro-
duktiv oder zumindest kommunikativ zu sein: Sie schrieb
eine Mail an ihren Architekten in Venedig.

BÄRCHEN, BONDAGE UND DER GANZ GROSSE BLUES

Tom fuhr mit seiner Ente auf den Parkplatz vor der Schrebergartenkolonie Abendfrieden, stieg beschwingt aus und eilte zur »Sieben«. Die trüben, ewig zweifelnden, skeptischen und negativen Gedanken, die letzte Nacht kurzfristig aus den düsteren Kellergewölben seiner Vergangenheit als elend jämmerlicher Thomas Dinker-Thon hervorgekrochen waren, hatte Tom erfolgreich beiseite wischen können. Nun war er zum Glück wieder ganz der neue Tom Dithon – so, wie er aus seinen sieben Semestern harter Selbstbearbeitung hervorgegangen war: positiv denkend, optimistisch, mit kräftiger Stimme, durchsetzungsfähig – und attraktiv.

In der Gartenlaube hatte Linda sich inzwischen ihre Einkäufe zu Gemüte geführt: rosa Glosse-Lippenstift zierte sie, ebenso ein Plissee-Kleid, das so geschnitten war wie das, mit dem Marilyn Monroe verführerisch im fingierten Luftzug über dem New Yorker U-Bahn-Schacht posiert hatte. Aber passend zum Make-Up war Lindas Kleid pinkfarben und hatte große, schwarze Punkte. Mit ihrem faden Billig-Make-Up von gestern konnte sie doch nicht solch einem Traummann wie Tom entgegentreten. So einen Mann musste sie mit allen Mitteln halten.

Als sie ihn durchs Gartentor kommen hörte, lief sie vor die Hütte, ihm entgegen und zog ihn hinter sich her in die Laube: »Hey! Sieh dich mal um: Wir brauchen heute keine Rücksicht auf die Gartennachbarn zu nehmen, sie haben sich von den Gewittern gestern vertreiben lassen. – Ist das nicht toll?« Drinnen ließ sie sich auf das Doppelbett fallen, rekelte sich wie eine rollige Katze hin und her, strich langsam mit ihren Händen an den Beinen nach oben, schob dadurch scheinbar versehentlich das Kleid beiseite und ließ ihren Spitzenslip sichtbar werden. Sie leckte sich einladend über ihren Lipgloss und blickte Tom mit einem gekonnt lasziven Augenaufschlag an, der selbst Marilyn neidisch gemacht hätte. Mit genau dieser Pose hatte Linda bisher jeden Mann rumgekriegt.

Um den Loser Bernhard in Wallung zu bringen, war allerdings immer noch ein wenig mehr als nur ein lasziver Augenaufschlag nötig gewesen. Bernhard mochte zwar verschmust sein – wofür Linda ihn gemocht hatte – und auch politisch in Rot denken, aber sein erotisches Empfinden war schwarz bis ganz düster. So hatte er auf Linda in schwarzen Lederdessous und auf sehr spezielle Fesselspielchen gestanden. Am liebsten hatte er die Nummer mit der »Gefangenenbefreiung« gespielt und dafür Linda mithilfe eines Schals ans Bett gefesselt, bevor er selber, nur in ein schwarz-weißes Pali-Tuch gewickelt, sie dann jedes Mal als siegreicher Held befreien und anschließend hatte besteigen dürfen. Die versoffene Flasche dagegen hätte nichts mit Bondage anfangen können – nicht einmal mit Bernhards harmlos verspielter Version davon. Jims Vorlieben waren wesentlich friedfertiger gewesen: Er hatte sich vor dem Beischlaf oft dadurch in Stimmung gebracht, dass er Gitarre spielte und dazu sang. Außerdem hatte er seine Angebetete im hellblauen Negligé bevorzugt. Sein Nachfolger war da etwas wilder gewesen. Werner hatte sie am liebsten in roter Spitzenunterwäsche gesehen und er stand wie Bernhard auf Rollenspiele, aber nicht auf politische, sondern eher auf sportliche. Als leidenschaftlicher Hobby-Jäger konnte er sich auch im Bett nicht verkneifen, seine Jagdgelüste auszuleben und hatte immer so getan, als wäre Linda das zu erlegende Wild, an das er sich vorsichtig und langsam näher und näher heranpirschen musste, bevor er sich darüber hermachen konnte. Und für die rosafarbene Abteilung in Lindas farblich umfangreicher Dessous-Sammlung und für die Sache mit dem Teddybär war Heiko verantwortlich gewesen. Heiko ging auch als Erwachsener nie ohne sein Plüschtier ins Bett und musste ihn sogar beim Sex dabei haben. »Bärchen« wache über sie beide, während sie miteinander schliefen, hatte Heiko gesagt. – Nur gut, dass dieser Blödsinn jetzt vorbei war! Wenn Tom auf Liebe im Dunkeln stand, brauchte Linda sich in nächster Zeit nicht schon wieder neue Reizwäsche in dieser oder jener noch nicht vorhandenen Farbe kaufen. Und solange Tom mit seiner »Autofahrerei« solche Ergebnisse erzielte wie letzte Nacht, ließ sie sich seine infantile Spielerei gerne gefallen.

Sie atmete tief durch und sah Tom erwartungsvoll und aufmunternd an. Doch weil der nur vor ihrem Bett stand, sie irritiert ansah, aber keinerlei Anstalten machte, ihr näher zu kommen, fühlte Linda sich nun leicht verunsichert. »Was ist?«

»Ehm –« Tom hatte das Gefühl, als hätte sich all seine Gehirnmasse in wenigen Sekunden in Flüssigkeit aufgelöst, die nun haltlos in seinem Schädel hin und her schwappte.

»Ja, was?«

»Ich denke …« Tom überlegte, was er jetzt am besten sagen sollte.

»Willst du dich lieber erst wieder mit mir unterhalten?«

»Ich, äh …«

Linda merkte, dass Tom mit reiner Konversation nicht zu animieren war. Männer waren und blieben eben doch verspielt! Oder litt Tom unter einem Rückfall in längst abgelegte Schüchternheit? Vielleicht brauchte er einen Anreiz oder eine Aufmunterung? »Wir können auch erst was Nettes spielen.«

»Ich …« Tom fiel immer noch nichts zu sagen ein.

»Vielleicht was mit Teddybären?«

»Äh …«

»Oder schärfere Sachen. Vielleicht mit Fesseln?«

»Äh, nein.«

»Meinetwegen auch wieder Autorennen, ganz wie du willst.«

»Ich denke …«

»Hä?«

»Ich meine … Ich finde, wir sollten es besser sein lassen.«

»Was?« Linda war verwirrt. Gestern Abend war es so toll gewesen und nun wollte er auf einmal nicht mehr?

»Ich meine: ganz. Ehm … überhaupt.«

»Hä?« Linda war jetzt völlig verunsichert. Wollte Tom einen kompletten Rückzieher veranstalten? Nachdem doch alles so gut gelaufen war?

»Irgendwie, eh … Ich glaube, irgendwie … passt das nicht. – Mit uns beiden.«

»Wieso?« Linda ergriff schlechtes Gewissen mit Panik im Schlepptau. Früher hatte sie sich Tom gegenüber nie sehr respektvoll verhalten. Ziemlich überheblich sogar, wenn sie ehrlich war. Wollte er sich nun mit dieser Nummer hier an ihr rächen? War sein soziales Getue etwa nur Show und Mittel zum Zweck der Eroberung gewesen? Von wegen »Verständnis« für die Situation der armen Familie Engel: asozial blieb asozial, zumindest im Auge der feinen Pinkel da oben. »Bin ich dir etwa nicht gut genug?«

»Äh nein, das hat nichts zu tun mit ›gut genug‹, auch nicht mit besser oder schlechter, sondern äh, mit dem, was wir wollen. Ähm …« Tom kam sich bei seinem blöden Gestammel vor wie ein kleiner Junge, der bei einer moralisch zu verurteilenden Handlung ertappt worden war, und nun ohne jegliche Souveränität fühlte, dachte und agierte. Kurz gesagt: wie der allerletzte Idiot auf diesem Planeten. Allerdings hatte er auch von Linda nicht gerade den Eindruck, eine ausgereifte Erwachsene vor sich zu haben, sondern eher eine Frau, deren Sozialverhalten sich seit ihrer Jugend nicht weiterentwickelt hatte und auf infantilem Niveau zurückgeblieben war. Oder redete er sich das nur wieder ein, weil er selber verunsichert war und sein angekratztes Ego es als künstliche Erhöhung benötigte, Linda vor sich selber schlecht zu machen? Doch für Sex ohne jegliche emotionale Einbindung hatte er noch nie etwas übrig gehabt. Erst recht nicht für Leute, die solchen oberfläch-lichen Sex »genossen«. Und hierbei fand Tom einen thema-tischen Ansatz, mit dem er argumentieren konnte, ohne verletzend zu werden: »Ich habe den Eindruck, äh, dass es dir vorrangig um das Sinnliche geht. Aber mir ist es immer wichtiger, zu lieben und geliebt zu werden.«

Linda klappte fast der Kiefer runter: »Du glaubst noch an diesen verklärten Romantikkram mit Liebe?« Das konnte doch nicht wahr sein: Dieser Mann war erwachsen, aber verkitschter als sie in ihren dümmsten, jungen Jahren!

»Natürlich!« Tom seinerseits war verwirrt über diese Frage. »Und ich denke …« Er überlegte wieder, was er eigentlich sagen wollte und wie er es formulieren könnte. Aber ihm wurde klar, dass ihm so schnell nichts Sinnvolles oder auch nur halbwegs Intelligentes mehr einfallen würde, das er seiner ehemaligen Klassenkameradin hätte sagen können, ohne sie zu beleidigen oder zu verletzen. »Ich glaube, ich gehe jetzt besser.«

Linda starrte ihn nur wortlos an.

»Ja, dann … Ich … also …« Tom merkte, wie seine Stimme ihren Halt verlor. Und bevor er vor Linda wieder im reinen Kopfregister herumpiepste, flüchtete er stolpernd aus der Laube. »Tschüs, dann!«, wisperte er tonlos und ging. Hinter ihm klappte die Tür ins Schloss.

Der Volltreffer eines Vorschlaghammers in ihre Magengrube offenbarte Linda, dass alles Negative, das sie bislang immer so erfolgreich ignoriert hatte und dadurch auch eliminiert zu haben glaubte, nicht wirklich verschwunden war, sondern sich nur unsichtbar im Hintergrund angesammelt und ihr heimlich aufgelauert hatte – um jetzt mit voller Macht über sie herzufallen und sie zu zerreißen. Linda war nun endgültig über den Rand gefallen und klammerte sich nur noch mit letzter Kraft an eine aus der Erde ragende Wurzel, die aber ebenfalls schon zu reißen begann. Und unter ihr wartete der schwarze Schlund des Abgrunds.

Linda saß regungslos auf ihrem Bett, starrte ins Leere und ihre Augen füllten sich langsam mit stummen Tränen. Als sie den Motor von Toms Ente anspringen hörte, zog sich ihre Kehle zusammen und ihr Brustkorb fing an zu zucken. Und als sich Toms knatternder Motor entfernte, brach Linda in ihren Kissen auf dem alten Bett zusammen und ihr gesamter Körper krümmte sich in einem Weinkrampf. Die letzte rettende Wurzel war endgültig gerissen.

Franziska von Lauenstein fuhr gerade auf einem alten, aber gut gepflegten Hollandrad auf den Parkplatz der Laubenkolonie Abendfrieden, als sie einen weißhaarigen Mann in einer grauen Ente mit Berliner Kennzeichen den Parkplatz verlassen sah. Außer seinem Auto stand nur noch Lindas Porsche auf dem Platz. Franziska sah den Fahrer und runzelte die Stirn. Der Mann sah aus wie Thomas Dinker-Thon. – War Engelchen etwa deswegen nicht ihrer Einladung zu den Lauensteins gefolgt, sondern hatte den mangelnden Komfort und überhaupt nicht vorhandenen Luxus der »Sieben« in Kauf genommen: um ungestört mit Thomas Dinker-Thon anbändeln zu können? Es wäre auf jeden Fall eine Erklärung dafür gewesen, warum sich Linda in den letzten Tagen nicht mehr bei ihrer besten Freundin gemeldet hatte. Franziska schüttelte schmunzelnd den Kopf und verdrehte die Augen gen Himmel. Oh Mann, Engelchen ließ nichts aus!

Franziska fuhr den Hauptgang der Kolonie entlang bis zur Parzelle Nummer 7, schob das Rad durch das Gartentor und lehnte es gegen die Innenseite des Zauns. Als sie sich der Laube näherte, hörte sie von drinnen Lindas lautes Schluchzen. – Engelchen weinte? Wegen Thomas Dinker-Thon? Franziska konnte es kaum glauben. Aber Linda jammerte so herzzerreißend, wie man es nur dann tat, wenn man einen geliebten Menschen verloren hatte, oder zumindest etwas sehr Wertvolles. Franziska hatte Linda noch nie weinen sehen. Schon gar nicht wegen eines Mannes. Und mit missglückten Anmachversuchen ging ihre beste Freundin sowieso auf ihre sehr spezielle Weise um. Franziska kannte Lindas Wutanfälle nach solchen Geschichten, doch wehklagen oder jammern? Nein! Selbstmitleid und Traurigkeit waren Engelchen bisher jedenfalls immer fremd gewesen.

Damals, bei Lindas viertem oder fünftem vergeblichen Versuch, nach Bernhard einen neuen Ehemann zu finden, war das wütende Engelchen eine halbe Stunde lang in ihrer Wohnung zwischen den Beardsleys auf und ab gerannt und hatte sich alles andere als engelhaft ausgepöbelt: »Zu nichts zu gebrauchen als fürs Bett. Keine Heirat, keine Ehe, nix, nur so eine inhaltlose Nullnummer mit Sex. – Was soll ich denn damit anfangen?« Franziska hatte einfach nur dagesessen und Linda zugehört, ohne sich einzumischen. Sie hatte gespürt, dass sich ihre Freundin schon wieder von allein fangen würde. Ähnlich wie dann bei dem ersten vergeblichen Versuch nach Jim. Damals hatte Linda sich ebenfalls

171

heftig aufgeregt: »Sex ja, mehr aber nicht? Der Typ ist verheiratet und will seine Frau nicht verlassen? Das hätte dieser blöde Hund ja gleich sagen können. – Männer: dies verschissene Egoistenpack!« Und Franziska hatte ihre Freundin wieder nicht trösten brauchen. Oder als Linda nach der Scheidung von Werner an einen Dandy geraten war, der sie als »egozentrisches Luxusweibchen« beleidigt hatte, anstatt sich ihr gegenüber respektvoll zu zeigen, hatte Linda filmreif gewütet: »Dieser Idiot hat das wirklich gesagt, dieser Arsch! Was bildet der sich eigentlich ein, wer er ist? – Ausgerechnet *er*, so ein komplett gepamperter Schnösel, sagt so was zu *mir*, einer Tochter von einfachen Angestellten. Welche Anmaßung und Scheinheiligkeit! Du glaubst es nicht!« Wegen Lindas Wutanfall hatten damals die Nachbarn aus der unteren Wohnung sogar beinahe die Polizei gerufen. Zum Glück war es Franziska gelungen, die aufgebrachten Leute wieder zu beruhigen. Und im letzten Herbst im Biergarten am Chinesischen Turm war Linda eine halbe Stunde lang ruhelos im Gras neben den Tischen auf und ab gegangen, um sich mit nicht gerade jugendfreien Schimpfkanonaden und mehr oder weniger vulgären Gesten ihren Beziehungsfrust über Heiko von der Seele zu schimpfen. Die anderen Gäste an den Tischen im Biergarten hatten zwar betreten geguckt oder belustigt miteinander getuschelt, Franziska hatte sich aber durch Engelchens spezielle Form der Frustbewältigung nicht aus der Ruhe bringen lassen und nur still amüsiert daneben gesessen und darauf gewartet, dass sich Linda wieder von allein abreagierte.

Mit den Jahren hatte Franziska aus diesen Erfahrungen gelernt und wusste, dass ihr robustes Stehauf-Weibchen keiner Hilfe von außen bedurfte. Jemand, der auf solche, den anderen gegenüber zwar nicht gerade besonders respektvolle, aber für sich selber umso effizientere Weise Ego-Hygiene betrieb wie Engelchen, kannte keinen wirklichen

Schmerz oder war zumindest sehr gut dazu in der Lage, ihn zu verdrängen. Lindas schlichte und effektive Art mit Frust im Allgemeinen und Beziehungsfrust im Besonderen umzugehen, war ein herausragendes Merkmal ihrer unkomplizierten und unverwüstlichen Frohnatur. Und gerade damit war sie für Franziska schon immer ein äußerst angenehmer Ausgleich zu den Mitgliedern ihrer adligen Familie gewesen. Die von Lauensteins waren allesamt ziemlich übersensibel und verletzlich und dadurch auch kompliziert und anstrengend. Und umso wohltuender wirkte Linda als Gegensatz zu Franziskas noch sensibleren, verletzlicheren, komplizierteren, anstrengenderen und in vielerlei Hinsicht hilfsbedürftigen Künstlern. – Und diese sonst so emotional selbstständige Robustheit in Person saß jetzt hier in ihrer Liebeslaube und weinte so markerschütternd?

Tom war ganz tatterig vor Aufregung und Verwirrtheit. Aber er konnte noch seinen Wagen bedienen. Er fuhr mit seiner Ente aus Kurzenhagen raus und in die Felder, bis er an einer Feldwegkreuzung fand, wonach er suchte. Wenn Tom als Kind und Teenager frustriert oder traurig gewesen war und Geborgenheit und Rückendeckung gebraucht hatte, dann war er natürlich nicht zu seinen autoritären Eltern gegangen oder zu seiner Schwester, sondern hatte sich zurückgezogen und in sein Spezialversteck verkrochen, um allein zu sein – was leider ziemlich häufig der Fall gewesen war. Und an der Kreuzung am Feldweg stand zum Glück immer noch die alte Buche, die er als Junge so oft aufgesucht hatte, um alleine zu sein und seine Ruhe zu haben. Tom parkte die Ente neben der Kreuzung, sah kurz den Baum an und kletterte dann auf den zweiten Ast von unten. Er setzte nicht zu weit oben an, sodass man ihn ohne größere Anstrengung erklettern konnte, aber er war doch hoch genug, dass Tom darauf vom dichten Laub des Baumes verdeckt wurde. Auf diesem Ast konnte Tom sitzen, ohne dabei gesehen zu werden. Hier hatte er schon früher oft stundenlang gehockt und hier verbrachte er auch heute wieder eine geraume Weile, um umhüllt vom dichten Laubwerk und mit der Rückendeckung des festen, dicken, sicheren Baumstamms, gegen den er sich lehnte, in aller Ruhe über sich und diesen Schlamassel mit Linda nachzudenken.

Ein Bauer kam auf seinem Trecker vorbei und sah misstrauisch zu Toms parkendem Auto. Als er jedoch niemanden entdecken konnte, fuhr er weiter.

Erst nach zwei Stunden traute sich Tom endlich von seinem Buchenast herunter. Er wollte mit jemandem reden. Allein kam er in dem chaotischen Durcheinander seiner wilden Gedankenflut nicht weiter. Er *musste* mit jemandem reden. – Aber auf keinen Fall mit seiner Lästerschwester.

• <> •

Als Franziska die Laube betrat, lag Linda immer noch von Weinkrämpfen geschüttelt auf dem Bett und ihre Schminke war völlig verschmiert. Franziska setzte sich zu ihr und nahm die schluchzende Freundin in die Arme. »Hallo, Engelchen! Welche Laus ist dir denn über die Leber gelaufen? War das eben Thomas Dinker-Thon? War er der Grund, warum du nicht bei uns wohnen wolltest?«

Linda weinte sich erst einmal richtig aus, bevor sie in der Lage war überhaupt etwas zu sagen. Aber selbst dann konnte sie kaum reden und unterbrach sich immer wieder schluchzend und schluckend: »Ach, Franzi! Ja, ich hatte was mit Thomas ... Aber ... Er ... Ich ... Ach, ich weiß auch nicht. Er war so ... so anders als die anderen. Mit ihm ... *mit ihm* war es so anders als mit den anderen. Er war so ... so verständnisvoll. Er hat sogar das mit meinen Eltern verstanden.«

»Das mit deinen Eltern?« Franziska ahnte schon, was jetzt kommen würde. Obwohl Linda ihren Minderwertigkeitskomplex immer sorgfältig zu verbergen versucht hatte, war er Franziska nicht entgangen. Aber sie wollte ihre Freundin nicht drängen. Wenn Engelchen etwas sagen wollte, sollte sie selber formulieren und aussprechen, was sie zu sagen hatte.

Nach einigen Schluchzern kam Linda auch wieder zum Reden. »Na, dass sie nur einfache Leute waren und nichts Besonderes: keine Ärzte oder Richter oder Professoren oder Direktoren wie all die anderen. Oder sogar adlig, wie deine Familie.«

»Meine Güte, das spielt doch gar keine Rolle. Glaubst du etwa, ich würde mir als was Besseres vorkommen, nur weil ich zu einer reichen und adligen Familie gehöre? Oder dass ich mir irgendwas anderes darauf einbilde? Ich weiß zwar meine Privilegien zu schätzen, aber mir ist auch klar, dass sie mich nicht zu einem besseren oder interessanteren Menschen machen.«

»Ja – ich meine, nein! Aber das hat doch noch nie wer verstanden. Ich meine, wie *ich mich* dabei fühle. Ihr wisst doch gar nicht, wie das ist, wenn man arm ist und nur in so einer kleinen, schäbigen Mietwohnung leben muss wie wir damals, während alle anderen drumherum alles in ihren Arsch geschoben kriegen. Ihr mit euerm vielen Geld und euren eigenen Häusern und Villen und Pferden und so.«

»Du glaubst, ich könnte nicht nachempfinden, wie es ist, arm, abhängig und rechtlos zu sein? Ich habe es zum Glück nie selber erlebt, aber ich habe ausreichend Fantasie, es mir lebhaft vorstellen zu können. Deswegen setze ich mich auch für meine Künstler ein. Und die fressen nicht alles in sich rein oder tun immer so, als ob alles in Ordnung wäre, so wie du. Meine Künstler sind redseliger und quatschen sich ihr Leid von der Seele. Ich weiß, wie es in denen aussieht. Genauso kann ich mir vorstellen wie es ist, als einzige ›nur‹ Angestelltentochter in einer Klasse zwischen lauter Kids aus gutbürgerlichen Familien zu sitzen. Also halte mich nicht für blöde! Ganz abgesehen davon —«

»Du hast das gemerkt? Ja, aber …« Linda unterbrach ihre Freundin ungläubig und war sprachlos. Franzi konnte ihr genauso in die Seele blicken wie Tom? »Du hast nie was davon gesagt.«

»Na, du ja auch nicht. Und wenn du meinst, mir oder anderen etwas vorspielen zu müssen, dann lasse ich dich eben in dem Glauben, dass du das gekonnt tust. – Warum hast du dich denn gezwungen gefühlt, etwas zu spielen?«

»Na ja. Man muss doch immer gut drauf sein und zu allem Scheiß lächeln, um nicht als Langweiler oder Depri abgeschoben zu werden. – Selbst wenn man sich total beschissen fühlt. Aber von Depritypen oder Leuten, die unzufrieden sind, will doch keiner was wissen!«

Franziska wusste, dass es manchmal nicht leicht war anders zu sein, als es von einem erwartet wurde. »Oh, Mann! Man *muss* gar nichts. Man muss auch nichts Bestimmtes sein. – Oder so, wie es die anderen von einem erwarten. Und ganz besonders muss man nicht so sein und fühlen, wie man *denkt*, dass es die anderen von einem erwarten. Wir sollten uns niemals zwingen, anders zu sein oder zu fühlen, als nur wir selber es wollen.« Franziska sah versonnen auf ihre beste Freundin und kam dann zum konkreten Thema zurück: »Und hin und wieder darf man auch ruhig mal traurig oder deprimiert sein, das Leben ist nun mal nicht immer nur rosig.« Franziska stöhnte leise auf. »Aber sogar die besten Freundinnen haben eben manchmal ihre Geheimnisse voreinander.«

Linda umarmte ihre Seelentrösterin. »Das soll sich jetzt aber ändern!«

»Na, darauf bin ich gespannt!« Franziska atmete tief durch, bevor sie weiterredete: »Ich wollte eben noch was anderes sagen. Meine Künstler sind nicht nur offener als du. Die sind im Gegensatz zu dir auch *richtig bedürftig*, nicht so wie du damals mit deinen Eltern und ihrem gesicherten Einkommen durch ihre festen Anstellungen beim Einwohnermeldeamt. Ihr wart finanziell immer abgesichert, etwas das die Leute, die ich fördere und unterstütze, überhaupt nicht kennen.«

Richtig, es gab Menschen, denen es in ökonomischer Hinsicht noch wesentlich schlechter ging, als es Linda Engel jemals ergangen war, und zwar gab es jede Menge solcher Menschen. Linda sah tief unter ihren Füßen den verlorengegangenen Boden aus der Versenkung auftauchen, doch er verschwand auch gleich wieder aus ihrer Wahrnehmung. »Aber so, wie mit Tom habe ich das noch nie gehabt. … Die Kerle stehen sonst immer nur auf meine Titten. … Und weil … weil ich doch so gut aussehe. Aber er hat sogar im Dunkeln … Er war so … so mitfühlend oder so was. Ich meine, ich habe gefühlt …« Linda wusste nicht weiter und setzte neu an: »*Ich* habe gefühlt, dass *er* fühlt, was *ich* fühle. – Oh Gott, das war letzte Nacht … das war mit Abstand das Beste in meinem ganzen Leben! … Und gerade er hat mich eben sitzen lassen … *Er – mich*!« Die Tränen brachen erneut aus ihr heraus und ein weiterer Weinkrampf durchschüttelte ihren gesamten Körper.

Franziska musste sich heftig zusammenreißen, ihr inneres Schmunzeln zu verbergen. Linda Engel hatte über vierzig Jahre und vier Ehen gebraucht, um zum ersten Mal von einem Mann sitzen gelassen zu werden? Zumindest von einem, der ihr wichtig gewesen war. Und sie musste scheinbar auch vier Ehen, unzählige Affären und immerhin mehr als dreißig Jahre aktiven Liebeslebens hinter sich bringen, um zum ersten Mal wirklich befriedigenden Sex gehabt zu haben? Franziska hatte schon bei Lindas früheren Lobeshymnen über deren sexuelle Erfahrungen den Eindruck gehabt, dass es sich dabei vielleicht um Angeberei und Prahlerei gehandelt haben könnte. Sie war sich aber nie sicher darüber gewesen, sondern hatte geglaubt, ihr eigenes Wunschdenken würde ihr etwas vorgaukeln. – Warum sollte sich eine sexuell aktive Frau immer wieder erneut in Affären stürzen, wenn sie nicht wirklich etwas davon hatte? Franziska streichelte Linda tröstend übers Haar und murmelte: »Und deswegen hast du jetzt den Blues, Süße?«

»Ach Franzi, ich mache immer alles falsch. … Und keiner mag mich richtig, nur weil ich niemand Besonderes bin, und … und wenn ich von Heiko geschieden werde, … dann *habe* ich auch nichts mehr. … Dann bin ich nicht mal mehr 'ne blöde Tippse.«

»Oh je, du –«, Franziska wurde von Linda unterbrochen.

»Es wissen doch alle, dass ich nichts kann. … Und dass ich den Job nur gekriegt habe, weil ich die Möse vom Chef war. Im Golfclub redet schon keiner mehr mit mir, nicht einmal die Bedienung aus dem Café. Die tuscheln da nur noch hinter meinem Rücken über mich … und nennen mich ›Platzkuh‹. … Was kann ich denn auch? Ich habe ja nie wirklich was gelernt.«

»Süße, du hast ja den Totalblues!« Franziska hatte bereits früher vermutet, dass kein Mensch auf Dauer erfolgreich sich selber bestätigende Ego-Hygiene betreiben oder sich und den anderen etwas vormachen konnte – so, wie Engelchen es tat. Solange Linda damit – zumindest scheinbar – zufrieden durchs Leben gekommen war, hatte Franziska keine Veranlassung gesehen, einzugreifen. Sie hatte aber geahnt, dass irgendwann einmal der Punkt kommen könnte, an dem Lindas sorgfältig betriebene, jedoch immer nur

kurzfristig wirkende Image-Politur ihre Elastizität und
Leuchtkraft verlieren würde. Allerdings hätte Franziska nie
gedacht, dass es bis zu diesem Einbruch der Fassade so
lange dauern würde. Aber andererseits war das auch kein
Wunder. Wer wie Linda immer nur als unantastbare Ama-
zone aus Konflikten hervorgehen wollte, anstatt sich auf-
richtig mit den Tatsachen auseinanderzusetzen, lernte eben
nur sehr langsam dazu. Linda hatte ihrer Freundin auch in
diesem Punkt nichts vorspielen können, aber sie war umso
effektiver darin gewesen, sich selber etwas vorzumachen.
Franziska versuchte, ihre Freundin mit etwas Ironie wieder
aufzubauen: »Richtig, du hast ›nie‹ was gelernt. Du warst ja
auch ›nie‹ auf einem Gymnasium. Auf einem ziemlich guten
noch dazu!«

Doch Linda beachtete Franziskas Ironie überhaupt
nicht, seufzte auf und atmete einmal kurz durch, bevor sie
erneut zu lamentieren begann: »Ja, und jetzt hat mich auch
noch Tom verlassen. Ausgerechnet er. Und das nach *der*
Nacht gestern!«

»Na ja. Was hat dich denn an ihm gereizt? – Dass er ein
exquisiter Liebhaber ist, wusstest du vorher nicht. Also,
was? Dass er ein sympathischer Kerl ist? – In dieser Hinsicht dürfte er sich gegenüber früher nicht groß geändert
haben. Ehrlich gesagt, war er mir in der Schule schon
sympathischer als unsere drei Wichtigtuer mit ihrem aufgesetzten Gehabe. Allerdings fand ich es zusammen mit euch
aufregender und abenteuerlicher als bei den anderen. Bei
euch war mehr los und mit Rudi, Olli und Bernhard hatten
wir auf jeden Fall auch mehr Spaß.« Franziska behielt für
sich, dass es noch mindestens einen weiteren wesentlichen
Grund dafür gab, dass sie ihre Schulzeit lieber in der
pseudo-revolutionären Gruppe verbracht hatte als mit den
anderen Schülern. »Aber netter als unsere drei False-Flag-

Guevaras war Thomas schon damals und trotzdem hat er dich nicht gereizt. Also, was ist es dann, was dich jetzt an ihm interessiert hat? – Nur die Aussicht auf einen angesehenen und erfolgreichen Partner an deiner Seite, der dich finanziell über Wasser hält? Meine Angebote mit der Wohnung hast du immer abgelehnt, weil du mir nicht auf der Tasche liegen wolltest. Aber bei den Kerlen macht es dir nichts aus, von ihrem Geld zu leben? – Oder geht es dir nur darum, dass sie dich mit dem Ansehen versorgen, das du dir selber angeblich nicht verschaffen kannst, weil du meinst, du wärst nichts, hättest nichts, könntest nichts und keiner würde dich mögen?«

»Ach ja! Du hast ja recht. Irgendwie war ich eben nie jemand Besonderes und konnte nie was Besonderes und besaß nie was Besonderes.« Linda stöhnte auf, riss sich aber zusammen, um nicht wieder zu weinen. »Und komm mir jetzt nicht mit verklärten Wunschvorstellungen! Nette Männer sind nun mal dämlich und bringen es zu nichts. Und ich will nie mehr so leben müssen wie früher bei meinen Eltern: In so 'ner schäbigen, beschissenen Mietwohnung. – Auch wenn es noch weitaus Schlimmeres gibt als das. – Und ja, ich selber kann und bin nichts, also bleiben mir nur die erfolgreichen und herzlosen Männer. Tom ist da ganz anders, weil er nett geblieben ist, obwohl er jetzt Erfolg hat. Aber solche Männer wie ihn gibt's doch sonst nie.« Linda fing erneut an zu weinen.

Franziska schüttelte den Kopf. »So viel Unsinn auf einmal habe ich schon lange nicht mehr gehört! Natürlich bist du jemand Besonderes. Und glaubst du wirklich, dass alle netten Menschen dämlich sind? – Du machst dir nur nicht die Mühe, nach den Cleveren *und* Netten zu suchen. Stattdessen siehst du nur auf das Geld oder den Ruf und verzichtest von vornherein auf Liebe.«

»Ach, Liebe! Jetzt fängst du auch noch davon an. Tom hat mich vorhin schon damit vollgetextet. Liebe ist doch nicht echt. Liebe gibt es doch nur in Filmen mit ihrem verklärten Kitsch, aber eben nicht in der Wirklichkeit.«

Franziska blickte hilfesuchend an die Decke. »Ach, Engelchen! Ich rede nicht von rosa Romantik oder von verklärtem Kitsch, sondern davon, dass man jemanden gerne mag, von Sympathie und Mitempfinden, von Vertrauen und Vertrautheit und von gegenseitiger Verantwortung. Und das ist natürlich echt. – Und weil du daran nicht glaubst, suchst du dir deine Partner nicht nach Gefühl aus?«

Linda zog eine Schnute und dachte anderthalb Sekunden lang nach. »Du meinst, es gibt die Liebe doch und ich glaube nur nicht daran? Und dann liegt's nur an mir?« Sie wischte ihre Tränen beiseite, atmete durch und fügte leicht belebt hinzu: »Also kann ich selber was daran ändern?«

»Genau! Na, das klingt doch schon wieder um Meilen konstruktiver. Hier!« Franziska reichte ihrer Freundin ein Papiertaschentuch.

Linda schnupfte sich die Nase frei. Sie war verwirrt. »Ja, aber dass ich jemanden gerne mag, … und Sympathie und Vertrauen und Mitempfinden? Das ist doch nichts für … ich meine … so was ist doch Freundschaft. Ich meine … na ja, so was gibt es doch gar nicht zwischen Frau und Mann, so was gibt es doch nur zwischen Freunden, aber dann auch nur zwischen guten Freunden, so wie bei dir und mir.«

»Wenn du das meinst.« Franziskas trockene Bemerkung ging in einem erneuten Weinkrampf Lindas unter.

»Aber das ist ja das Allerschrecklichste daran: Dass *du* mich jetzt auch noch verlässt und nach Venedig ziehst. – Dann bleibt mir absolut gar nichts mehr und ich bin ganz allein!« Linda fiel Franziska in die Arme und ließ sich wie ein kleines Kind von ihr streicheln und trösten.

Franziska sah für diese Situation mit Linda in der Laube den – mit einem ganz dicken Fragezeichen versehenen – Titel »Sehr späte und äußerst komplizierte Spätgeburt?« vor ihrem geistigen Auge auftauchen. Falls ja, hatte Engelchen wenigstens in diesem einen Punkt nicht nur sich selber erfolgreich etwas vormachen können. Wenn Franziska auch nur geahnt hätte, dass ihre Vermutungen über Lindas künstlich beschönigtes Liebesleben doch nicht nur ihrem eigenen Begehren entsprungen waren, wäre sie mit Lindas Fassadenpflege wesentlich schonungsloser umgegangen und hätte nicht erst einen Thomas Dinker-Thon, oder überhaupt einen anderen Mann die ganze Vorarbeit leisten lassen. Franziska war sich aber sicher, dass es von Lindas schmerzhaften Geburtswehen bis zum endgültigen Coming-out noch ein wenig Geduld bedurfte. Aber der Kopf des Kindes schien langsam sichtbar zu werden.

Franziska zog ein zweites Taschentuch hervor und wischte Linda damit die Tränen ab, bevor sie sie wieder umarmte und weiter streichelte. »Und genau deswegen bin ich eigentlich hier. Ich wollte mit dir über Mestre reden. Da brauche ich jemanden für meinen Bürokratie- und Schreibkrempel. Und damit kennst du dich ja aus. Italienisch kannst du ebenfalls. – Von wegen: du kannst nichts! Aber vor allem hätte ich gerne jemanden, der mich auf dem einen oder anderen Flug begleitet, damit ich unterwegs nicht immer so allein bin. Vielleicht hast du ja Lust auf einen dauerhaften Tapetenwechsel von München nach Mestre?« Franziska wollte noch hinzufügen: »Du musst das auch nicht sofort entscheiden, das Haus ist ja noch gar nicht fertig.«

Aber dazu kam sie nicht mehr, denn Linda löste sich sofort aus der Umarmung und jubelte begeistert los: »Ja, natürlich gehe ich mit dir nach Italien! Und ich fliege mit dir wohin du willst. Nach Kuba und Budapest und Sydney und ins Outback und … einfach überallhin.« Der Boden war unter ihre Füße zurückgekehrt und darauf begann sogar schon wieder dichtes, frisches Frühlingsgras zu sprießen. Löwenzahn und Gänseblümchen inklusive.

Linda sprang vom Bett auf, holte die Tüte mit den Brötchen hervor, schnupperte daran und hielt sie ihrer Freundin unter die Nase: »Ich habe einen Kocher und Kaffee hier. – Hast du schon gefrühstückt?«

Franziska schüttelte schmunzelnd ihren Kopf und Linda fiel ihr erneut um den Hals und hielt sie fest, als ob sie sie nie wieder loslassen wollte.

•• <> ••

DAS GEHEIMNIS DER »SIEBEN«

Carola stand in verschmutzten Jeans, Pullover und Gummi-stiefeln im Kleintierstall des Tierparadieses und fütterte ge-rade Schlangen, als eine Mitarbeiterin sie ansprach. »Drau-ßen ist ein Thomas Dinker-Thon für dich.« Carola blickte verwundert von ihren Schlangen auf, denn sie hatte Tom doch schon Bescheid gesagt, dass er ihr nicht noch einmal zu helfen brauchte, weil sich Miriam und ihr musikalischer Freund René freundlicherweise bereit erklärt hatten, die Getränkekisten am späteren Nachmittag aus dem Tierheim abzuholen und in die Realschule zu bringen. Stirnrunzelnd überließ Carola ihrer Mitarbeiterin die weitere Schlangen-fütterung.

Auf dem Hof stand Tom und redete völlig aufgelöst wir-res Zeug vor sich hin. Seine Stimme hatte wieder alle Stütze verloren. Sie schaffte es nicht mehr, sich aus dem Kopfre-gister zu befreien und auf alle Register auszubreiten. Carola wurde aus Toms Gestammel zuerst nicht schlau. Als sie aber begriff, dass Tom sich wohl auf ein Schäferstündchen mit Linda Engel in der »Sieben« eingelassen hatte, löste dies spontan einen kleinen Lachanfall bei ihr aus: Thomas und Linda, welch absurde Vorstellung! Carola merkte aber auch, dass ihr ehemaliger Mitschüler gerade eine gehörige Portion Aufmunterung brauchte. Also lotste sie den hochrot ange-laufenen und vor Aufregung immer noch tatterigen und fistelig stotternden Tom in die ehemalige Scheune des Bauernhofs, die nun als Bürohaus diente.

Zu den Büroräumen gehörte auch eine schmale Küche, gleich vorne neben dem Eingang, in der Carola den Wasser-kocher in Gang setzte und Teebeutel in zwei große Kaffee-becher hängte. »Nun mal ganz ruhig und der Reihe nach!

Und überhaupt: erst mal mach ich uns einen Tee. Und dabei kannst du mir in aller Ruhe erzählen, was dich umtreibt.«

»Ja, … ach, ich komme mir so idiotisch vor! Das war … so … so widerlich: Als ich da vorhin in die Laube kam, saß sie auf ihr Bett drapiert wie … wie eine … billige Prostituierte.«

»Tja, da siehst du mal wie Erwartungen unsere Wahrnehmung beeinflussen können! – Aber was hattest du denn auch erwartet? Ein Prinzesschen?«

»Ach …«, seufzte Tom und atmete tief durch. »Na, jedenfalls nicht so was! Und dann hält sie auch noch Gefühle für Kitsch. – Das war einfach zu viel für mich.«

»Dass du ein gutmütiger Mensch bist, war mir schon immer klar, deswegen mag ich dich ja auch. Aber ich hätte nicht gedacht, dass du uns Frauen durch die rosa Brille siehst!«

»Nicht romantisch verklärt. Aber … na, eben anders. Ach, ich Blödmann, was habe ich mir da nur vorgemacht? Engelchen als Krönung meiner ganzen Bemühungen neben dem Studium? Und warum nur?«

»Was für Bemühungen?«

»Die Volkshochschulkurse – nichts als nur Fassade, ich Volltrottel? Und ich habe gedacht, ich würde eine Metamorphose durchleben, aber das war nur Mimese!«

»Hä?« Carola zog ihre Stirn kraus, sie verstand kein Wort von dem, was Tom da vor sich hin brabbelte.

Tom erzählte ihr von seinem dreisemestrigen Training über Körperhaltung, Gestik und Mimik vor dem Spiegel und von den vier Volkshochschulkursen in Stimmbildung, Rhetorik, positivem Denken und Durchsetzungsvermögen. Dann resümierte er das Ergebnis dieser anstrengenden sieben Semester aus seiner heutigen Sicht: »Aber ich habe mich gar nicht gewandelt, jedenfalls nicht inhaltlich: Ich habe mich nur getarnt! – *Ich* bilde mir ein, ich hätte Menschenkenntnis und könnte die Masken anderer analysieren. Dabei verstecke ich mich selber hinter einer und merke es noch nicht einmal! Ich Idiot glaube, ich wäre ehrlich und könnte niemandem etwas vormachen. Dabei mache ich sogar mir selber was vor! Ausgerechnet ich falle auf meine eigene Maske rein – und renne Oberflächlichkeiten und Statussymbolen hinterher, weil ich das für meinen künstlichen Egoboost brauche!«

Carola hatte diesem Schwall kritischer Selbstreflektion bislang nur still amüsiert zugehört. Nun klang ihre Ironie beinahe schon wie Ursels Süffisanz: »Ah, deswegen bist du mit Nana zusammen: weil sie ein Promi ist, eine beliebte Schauspielerin, die du für dein Ego an deiner Seite nötig hast?!«

»Oh Gott, Nana! – Nein, das ist doch was ganz anderes: Nana versteckt sich nicht hinter irgendeiner Maske. Sie ist natürlich. Und deswegen mag ich sie ja auch so sehr: weil sie so natürlich ist. Und warmherzig. Und fair. Und so humorvoll … – oh ich doofer Hund! Ich bin ja so was von dämlich!« Tom schien sich nicht entscheiden zu können, ob er einfach nur auf sich wütend war oder an seiner eigenen Dummheit verzweifeln sollte.

Carola grinste. »Ich stimme dir voll und ganz zu, du Trottel, du Dumpfbacke, du Vollidiot!« Sie tätschelte Tom aufmunternd die Schultern, goss das kochende Wasser ein, drückte ihm die Becher in die Hand und holte eine Untertasse aus dem Schrank.

»Wie kann ich Dummkopf nur …? Ich habe doch mit Nana schon die beste Frau an meiner Seite, die mir überhaupt nur passieren kann. Ich bin ein absoluter Blödmann! Was habe ich mir nur dabei gedacht? – Mein Gott, ich habe gar nichts mehr gedacht. In den letzten Wochen hat mein

Gehirn völlig ausgesetzt! Selbst als Kind und Jugendlicher war ich intelligenter als jetzt – und ehrlicher mit mir selber.« Toms Stimme kehrte langsam wieder in alle Register zurück.

Carolas fürsorglicher Beistand tat seine erste wohltuende Wirkung. Aber sie führte die Entspannung in Toms Stimmbändern auf einen anderen Umstand zurück: »Selbsterkenntnis ist der erste Schritt auf dem Weg der Besserung! Bei dir kann man dabei sogar zuhören.« Sie zog Tom aus der Küche am Ärmel hinter sich her: »Komm mal mit, du idiotischer Volltrottel. Ich entführ dich mal kurz.« Aus einem der Schränke im Büro holte sie eine Kiste mit alten Filmrollen und schob Tom dann in den Ruhe- und Pausenraum für die Mitarbeiter des Tierasyls. Hier standen ein altes, zerschlissenes Sofa, ein Fernseher und ein Filmprojektor. An der Wand gegenüber dem Sofa hing ein großes Bild von Carola im Kreise ihrer Mitarbeiter unter der schmiedeeisernen Tordurchfahrt zum Tierparadies. Tom schüttelte nur wortlos den Kopf und ließ sich widerstandslos von seiner ehemaligen Klassensprecherin auf das Sofa bugsieren.

Carola hängte das Bild ab, lehnte es gegen das Sofa, zog die Vorhänge vorm Fenster zu, legte eine Filmrolle ein und stellte den Projektor an. »Ich weiß ja nicht, was du dir damals unter den aufregenden Abenteuern in Lindas Liebeslaube vorgestellt hast, aber ich habe hier ein paar alte Dokumente aus dieser Zeit, die du mit Sicherheit nicht kennst – auch von den Nächten in der ›Sieben‹. Vielleicht solltest du dir das mal ansehen.«

Der Projektor ratterte laut vor sich hin, an der Wand erschienen tonlose Bilder von einer feingliedrigen Hand, die vorsichtig eine dicke Fliege im Netz einer Spinne absetzte, und Tom stöhnte auf.

• <> •

»Mecki, dies sadistische Miststück! Und guck dir mal Otwin an: sah der schräg aus mit seinem Anzug und der Fliege! Und du: niedlich!« Carola schüttelte ihren Kopf, als sie neben der Häuserecke mit dem Spinnennetz auch alte Aufnahmen von sich und ihren Mitschülern erblickte. »Oh mein Gott, ist das lange her, dass ich diese Filme mal gesehen habe! Wir sind echt älter geworden. – Wusstest du, dass die Kids heute das Händel-Gymnasium ›Hogwarts‹ nennen?«

Tom nickte nur. Als Jana letztes Jahr auf das Gymnasium gekommen war, hatte Ursel ihm von dieser Namensgebung berichtet. Aber im Moment beschäftigte ihn die Frage, ob dieser Film der Abschluss einer Tragödie oder das Omen für eine neue war. Denn als er vor wenigen Monaten, noch bevor bei ihm die Einladung zum Klassentreffen eingegangen war, von genau diesen Ereignissen geträumt hatte, die er jetzt im Film schon wieder sehen durfte, war das der Auftakt zu diesem ganzen Schlamassel mit Linda gewesen.

Carola dagegen sah begeistert dem Todeskampf der Fliege im Netz zu und kommentierte die übrigen Bilder. »Mann, Hardi hat aber auch immer jeden Scheiß gefilmt und fotografiert. Ich hatte völlig vergessen, dass es davon auch noch Aufnahmen gibt. So spektakulär war es doch gar nicht, uns auf dem Schulhof zu filmen.« Die Bilder an der Wand zeigten nun Linda mit ihrer Clique im Punker-Outfit. Und Hardi Wehn hatte es sich nicht verkneifen können, außer dem verzweifelten Todeskampf der Fliege auch dem dekorativen Riss in Lindas punkigem Dekolletee eine gezielte und genüsslich lange Nahaufnahme zu widmen. Carola polterte gleich wieder los: »Ach, ich glaube, ich verstehe jetzt: Die gefolterten Insekten waren nur ein Vorwand. Hardi hat sie gefilmt, damit er ›ganz nebenbei‹ Aufnahmen von Linda mit dem eingerissenen Ausschnitt machen konnte. Sieh dir den Riss an: Ich möchte wetten, dass sie ihn ganz absichtlich und gezielt dort platziert hat! Und ich wette auch, dass sie heute noch genauso aufgebrezelt rumläuft wie in unserer Schulzeit. Aber garantiert nicht mehr als Punkerin, das war doch damals sicher nur eine Modeerscheinung. – Ich frage mich nur, warum *Franzi* immer mit diesem Pack rumhing. Die war doch eigentlich ganz nett.«

Tom schwieg. Er machte sich über andere Personen Gedanken als über Franziska von Lauenstein.

Carola hatte nie großen Wert auf eine Freundschaft mit den Mitgliedern dieser Punkerclique gelegt und schüttelte ihren Kopf über die Bilder an der Wand. »Nun guck sie dir an: große Klappe und nichts dahinter. Unmöglich! Und Linda war immer die Schlimmste mit ihrem blöden, aufgesetzten, albernen Gekicher. – Und dann haben die auch noch Rabatt bei Hardis Vater für ihre Saufgelage in Engels Gartenlaube gekriegt!«

»Ach, du unterschätzt sie.« Tom fühlte sich berufen, wenigstens Bernhard und Linda zu verteidigen. »Bernhard hat sich sogar für sein verächtliches Benehmen bei mir entschuldigt. Und ich habe einen seiner Artikel gelesen. Demnach hat er die menschliche und geistige Reife nachgeholt, an der es ihm während der Schulzeit noch gemangelt hat. Und Linda hat auch ihre netten Seiten. Sie hat doch nur ihre Verletzlichkeit hinter dieser oberflächlichen Maske versteckt.«

»Verletzlichkeit?« Carola klang skeptisch.

»Ja, weil sie aus einfachen Verhältnissen kommt. Mit uns Oberschichtskindern vom Händel-Gymnasium konnte sie doch nie mithalten. Und mit ihrer adligen Busenfreundin erst recht nicht.«

Carola winkte Tom vor den Augen herum: »Hallo, wir sind hier in der Realität und nicht in deiner Serie! Mag ja sein, dass Bernhard sich als Erwachsener geändert hat. Aber

Linda? Familie Engel hat auch nie unter Armut oder so was gelitten, das sind doch ganz normale Leute. – Meinst du nicht, dass du da etwas zu viel Inhalt unter Lindas oberflächliche Oberfläche interpretierst?« Carola registrierte nicht, dass Tom gar nicht auf ihre Frage reagierte, denn sie war zu sehr mit dem Film beschäftigt und begann zu grinsen. Die Bilder auf der Wand zeigten, wie Michael Graf eine ordentliche Abreibung von seiner Klassensprecherin einstecken musste.

»Aua!« Tom verzog mitfühlend sein Gesicht. »Mecki dürfte sich nach deiner Spezialbehandlung nicht mehr getraut haben, irgendeinem Lebewesen noch irgendwas anzutun.«

Carola widersprach sofort: »Da wäre ich mir nicht so sicher! – Du siehst wohl immer nur das Gute in den Menschen?«

Die Filmbilder an der Wand fingen an zu wackeln, weil Hardi von seiner reinen Dokumentationspflicht abgewichen war und Michael vor weiteren Tritten und Fausthieben Carolas zu bewahren versucht hatte. Weil Carolas Schläge auch Hardis Kamera nicht verschont hatten, rissen die Bilder ganz ab und im Projektor ratterte kurz eine geklebte Spulenstelle durch.

»Kann sein«, sagte Tom in Gedanken versunken.

Den folgenden Film hatte Hardi nicht in der Schule aufgenommen, sondern zunächst auf dem Getränkehof seines Vaters. Auf den Bildern tauchte dort gerade das revolutionäre Trio mit Linda, Andrea und Franziska auf. Sie hatten ein Mofa bei sich, an dem ein Anhänger befestigt war. Olli kaute wieder auf einem grellgrünen Kaugummi herum und Rudi schob das Mofa zur Verladerampe der Lagerhalle, wo die sechs Jugendlichen den Anhänger mit zwei Kisten Bier beluden.

Nach einem Cut sah man eine Nahaufnahme der mit Patina bedeckten kupfernen 7 von »Lindas Liebeslaube«. Sie hing allerdings verkehrt herum an einer letzten verrosteten Schraube außen am Gartentor der Parzelle in der Schrebergartenkolonie.

»Entzückender Establishing Shot!«, entfuhr es Tom leicht zynisch. Und als Carola ihn fragend ansah, fügte er hinzu: »So nennen wir eine die Lokalität erläuternde Einstellung, mit der die folgende Szene eingeleitet wird. Hardi hätte nicht Fotograf, sondern Filmer werden sollen!«

Nach der Nahaufnahme der Parzellennummer hatte Hardi auf die gesamte Parzelle mit der Laube geschwenkt, die damals ähnlich ungepflegt wie ihre Nummer ausgesehen hatte: Der verwitterte letzte Anstrich der Laube war bereits größtenteils wieder abgeblättert und der Garten wirkte einfach nur wild und verwahrlost. Vom Rundblick über die Parzelle wanderten die Filmbilder weiter zum Eingang der Gartenkolonie »Abendfrieden«, wo gerade die Jugendlichen mit dem Mofa eintrudelten. Sie schoben das Mofa durch das Gartentor auf die Parzelle 7 und luden ihre wertvolle Fracht ab.

Vor der Laube steckten die drei Mädchen eine Armada von Fackeln ins Gras und zündeten sie feierlich an, während die Jungen ein Transparent entrollten, das Rudi und Olli an Stangen hochhielten. Seine Aufschrift forderte die »antiimperialistische Weltrevolution«. Bernhard stand dazwischen und reckte seine Finger zu einem Victory-Zeichen in die Luft. Hinter ihm hielt Rudi seine freie Hand an Bernhards Kopf und verballhornte wiederum das Victory-Zeichen zu Hasenohren. Linda klatschte begeisterten Beifall und Franziska schüttelte schmunzelnd den Kopf.

»*Die* haben *Hardi* bei sich filmen lassen?« Für Tom war dieser Gedanke absolut unvorstellbar.

»Ich sag doch: der hat immer *alles* gefilmt«, bestätigte Carola. »Und dieses narzisstische Gesocks da wollte sich in jeder Lebenslage dokumentiert haben. Selbst, wenn's peinlich wurde. – Aber mit uns anderen darüber reden, das durfte Hardi nicht. Die haben ihn damals sogar so was wie einen Vertrag mit einer Verschwiegenheitsklausel unterschreiben lassen – damit ihr übermäßiger Alkoholkonsum nicht publik wird.« In Carolas Gesicht breitete sich ein verschmitztes Grinsen aus. »Allerdings hatten sie wohl nicht damit gerechnet, dass Hardi ihnen nur eine *Kopie* der Filme überlässt und eine weitere zur Sicherung bei mir deponiert hat. – Hä, hä!«

Die Bilder des Films blendeten zu einer Szene im Morgengrauen über: Bernhard, Olli und Andrea lagen schlafend auf Gartenliegen. Bernhard hatte sich unbemerkt zwei Gänseblümchen in den Nasenlöchern eingefangen. Umgeben von den noch brennenden Resten der Fackeln, überquellenden Aschenbechern und umgekippten, leeren Bierflaschen, knutschten Rudi und Linda besoffen im Gras herum, während Franziska grinsend den Müll einsammelte. Die beiden Bierkisten hatten sie komplett geleert.

In diesem Moment war die Filmspule ratternd abgelaufen und ihr loses Ende flappte wiederholend gegen das Gehäuse des Projektors.

• <> •

»Mann, was für pseudofrühreife Früchtchen!« Carola stellte den Projektor ab und ging zum Fenster, um die Vorhänge zurückzuschieben. »Ich sage ja: große Klappe und nichts dahinter. Das ganze Revolutionsgetue war nichts weiter als reine Verbal-Radikalität. Damit haben sich die Großmäuler nur vor den Mädchen interessant gemacht – damit die sie an sich ranlassen. Entspricht das in etwa *deinen Vorstellungen* von den ›wunderbaren Geheimnissen‹ in Lindas Liebeslaube? Und würdest du dich immer noch als ›nicht romantisch verklärt‹ bezeichnen?«

Tom saß wie versteinert auf dem Sofa und schüttelte den Kopf. »Wenn ich das geahnt hätte: nichts als dumme Prahlerei und Angeberei!«

»Genau. Und Linda Engel soll was unter ihrer Oberfläche haben? Und dann ausgerechnet ›Verletzlichkeit‹ – na, danke!« Carola wiederholte ihre Bedenken gegenüber Toms Interpretation von Lindas Charakter.

Tom widersprach: »Doch, das stimmt schon. Ich habe ja auch mit ihr darüber geredet. Ich interpretiere nichts Falsches in sie hinein. Zu einer dialektischen Persönlichkeit gehören eben Widersprüche.«

»Also, ich weiß zwar nicht genau, was du mit ›dialektische Persönlichkeit‹ meinst. Aber wenn ich das schon nicht kenne, muss es was sein, was Linda Engel auf keinen Fall haben kann. Die Frau ist so was von blöde. Vielleicht denkt sie heute nicht mehr so arrogant wie früher, aber die lässt doch nichts an sich ran, sodass sie in ihrem ganzen Leben auch nichts dazulernen kann! Und irgendwie gehört doch Veränderung und Entwicklung zur Dialektik, wenn ich das richtig in Erinnerung habe.«

»Ich glaube, dein Bild von Linda ist einseitig und zu negativ, weil du nur ihre Maske kennst. Aber ich hatte wohl nicht daran gedacht, dass man mit seiner eigenen Maske verwachsen und sie nicht mehr ablegen kann.« Tom stand auf. »Was für ein Schlamassel! – Oh mein Gott! Und ich muss das noch Nana beibringen.«

»Musst du?«

»Ja. Wie sage ich ihr das nur?«

• <> •

Nach seinem erhellenden Rückblick in die Vergangenheit fuhr Tom wieder zu seinem alten Freund, der Buche zurück, setzte sich noch einmal zwei Stunden auf seinen Lieblingsast und sann über sich und Linda nach. *Das* also waren die »schönen Geheimnisse« der Liebeslaube gewesen: nichts als oberflächliche, prahlerische, unromantische, dumme, jugendliche Besäufnisse? Tom musste früher eine arg romantisch verklärte Sichtweise gehabt haben. Was hatte er da nur alles in Linda hineininterpretiert! Und nun auch in sein Verhältnis zu ihr.

Diesmal kam kein neugieriger Bauer vorbei und auch sonst wurde Tom bei seinen Grübeleien und der Abrechnung mit seinen verklärenden Vorstellungen aus der Vergangenheit von niemandem unterbrochen oder gestört. Also hatte er genügend Zeit, gründlich darüber nachzudenken, wie er Nana am besten diesen ganzen Mist erklären sollte. Vor seinem inneren Auge entstanden komplette Dialogszenen zwischen ihm und ihr, in denen er ihr auf die eine oder andere Weise beibrachte, dass er gerade den größten Mist seines Lebens gebaut hatte. Erst am späteren Nachmittag trennte er sich endlich wieder von seinem alten vertrauten, hölzernen Freund und fuhr zurück zu seiner Schwester.

Als er dort ankam, saßen Ursel und sein Schwager am Küchentisch über Ralfs Geschäftsbüchern und die Kinder kabbelten sich im Wohnzimmer vor dem Fernseher. Tom rief ihnen nur hastig einen Gruß zu und lief sofort nach oben.

Ursel säuselte ihm süffisant hinterher: »Nanu, schon so früh zurück? Habt ihr heute nicht wieder *im Gewitter festgesessen?*«

Tom bemerkte sowohl ihren Unterton als auch die bewusste Unlogik dieser Frage und antwortete seiner Schwester leicht angesäuert von der Treppe aus: »Quatsch! – Aber mir ist klar geworden, dass Linda und ich nicht die gleiche Wellenlänge haben.«

Ursel sah ihren Mann an. »Und für die Erkenntnis hat er mehr als ein Vierteljahrhundert gebraucht!«

• <> •

Mit einer bereits vollständig geleerten Flasche Rotwein saßen Linda und Franziska am Abend vor der »Sieben«. Leicht angesäuselt und kichernd wie zwei Teenager schwelgten sie in Jugenderinnerungen aus ihrer Laubenzeit mit Rudi, Olli, Bernhard und Andrea.

»Die hatten damals mächtig was getrunken«, bemerkte Franziska lächelnd. Sie war allerdings nur halb konzentriert bei der Sache. Nach Lindas ewig langen und schmerzhaften Anfangswehen hatte Franziska es heute Nachmittag doch endlich noch geschafft, zur Hebamme für einen gesunden Wonneproppen zu werden. Nachdem Lindas sorgsam gehegte und gepflegte Fassade endlich komplett zusammengebrochen war, hatte Franziska ihre Freundin einfach nur noch liebevoll und zärtlich auffangen müssen. Alles Weitere war dann von ganz allein gekommen und der Rest des Tages wie in einem wunderschönen Traum verlaufen. Thomas Dinker-Thon hatte mit seinen erotischen Fahrkünsten Franziska bei dieser schweren Geburt unfreiwillig als Geburtshelfer zur Seite gestanden, wofür sie ihm äußerst dankbar war – auch wenn er wahrscheinlich nichts von seinem sehr speziellen Erfolg ahnte. Aber auf jeden Fall hatte er mit seiner einfühlsamen Vorarbeit eine Saat gesät, deren Früchte Franziska und Linda nun gemeinsam ernten und genießen konnten.

»Die waren nicht mächtig betrunken, die waren *hackezu*, damals!« Linda kicherte.

»Ja, Bernhard hat nicht mal mitgekriegt, wie wir ihm die Gänseblümchen in die Nasenlöcher gesteckt haben.«

»Stimmt, ich erinnere mich. Und Rudi – oh nee!« Linda wurde plötzlich wieder ernst.

»Was ist?«

»Ach, ich kann doch morgen gar nicht mit zum Klassentreffen. Nach *der* Geschichte mit Tom! Stell dir vor, die Laubennachbarn erzählen was von letzter Nacht. Kurzenhagen ist ein Dorf.«

»Na und?«

»Ja, aber wenn doch Rudi, Olli und Bernhard davon erfahren, dass ich mit Tom was … – oh Gott!«

»Meinst du, du müsstest sie schützen?«

»Schützen?«

»Na, die Aufschneider könnten doch einen echten Egoknacks kriegen, wenn sie erfahren, dass Tom es dir sehr viel besser besorgt hat als sie alle drei zusammen!«

Linda sah Franziska an, die zuckte nur unschuldig grinsend ihre Schultern und beide Frauen brachen in schallendes Gelächter aus.

Tom lag auch an diesem Abend mit offenen Augen im Bett und konnte zunächst wieder nicht einschlafen. Draußen tobte kein Gewitter, aber heute warf eine Straßenlaterne den Schatten des Fensterkreuzes konstant und ruhig an die gegenüberliegende Wand. Tom dachte lange und intensiv über sein Leben und die Arbeit bei HUL und seine eigentlich fertigen Skripte in der Schublade nach. Die gleiche Zuflucht wie im Schutz seiner Maske hatte er auch bei HUL gefunden. Nana hatte gar nicht mal so Unrecht gehabt, als sie sagte, er suche sich dort nur seine bequeme Kuschelecke. Als Regisseur von HUL war Tom eigentlich nur ein

Vollstrecker. Jemand, der die Entwürfe von Produzent Wim Wonneberg umsetzte, ausführte und realisierte, ohne dabei wirkliche Entscheidungsbefugnisse zu besitzen oder auch eigene Ideen einbringen zu dürfen. – Richtig, er hatte sich immer noch nicht vollständig von seiner verdammten Kindheit und Jugend abgenabelt. Sonst wäre er jetzt nicht wieder auf die verklärenden Illusionen seiner Vergangenheit hereingefallen. Nur deswegen war er in dieses saudämliche Schlamassel mit Linda geraten.

Als Tom dann doch langsam wegdämmerte, grollten keine Donner und keine Blitze zuckten, aber splitterndes Glas klirrte und scheppterte. Vor einem großzügig verglasten Neubau in der Nähe beschossen zwei vermummte junge Männer die Fenster des Gebäudes mit Steinen aus Zwillen und grölten bei jedem Treffer triumphierend auf. Einer sprühte an die Wand daneben ihre Botschaft: »Mehr Geld für Bildung – oder wiehr können auch noch fiehser wie bei Piehsa!« Erst als sich von ferne eine Polizeisirene näherte, verschwanden sie laut johlend im Dunkel der Nacht. »Hey, jetzt komm' se Rechtschreibfehler und Grammatik korrigieren!«

• <> •

Im Ofen brutzelte ein großzügig mit Zwiebeln gewürzter Sonntagsbraten vor sich hin. Sein deftiger Duft zog durchs gesamte Haus und weckte Tom am nächsten Morgen um halb neun. Als er noch leicht verschlafen in die Küche getrottet kam, saßen dort Kay und Daniel beim Frühstück, während Ursel geschäftig am Bratofen herumhantierte und das Essen für den nächsten Tag vorbereitete.

»Morgen, du Schlafmütze!« Im Gegensatz zu ihrem Bruder war Ursel schon längst hellwach. »Carola hat vorhin angerufen: Es gibt irgendwelche Probleme, ihr müsst das Treffen ins Tierparadies verlegen. Sie bittet dich, ihr doch noch einmal bei den Getränken zu helfen und dann rumzutelefonieren, um den anderen Bescheid zu sagen.« Ursel machte eine bedeutsame Pause, bevor sie ihren stichelnden Giftpfeil abschoss: »Na, euer Treffen hat ja wirklich ein nettes … *Vorspiel*!«

Tom registrierte Ursels bewusste Wortwahl, die bedeutsame Pause und den süffisanten Unterton. Sie hatte ihm gerade zu verstehen gegeben, dass sie von seinem Techtelmechtel mit Linda *natürlich* etwas wusste oder zumindest ahnte. Und er sagte gar nichts dazu. Tom hatte sich damit abgefunden, dass seine Schwester die Kurzenhagener Königin des Sichelns war.

Als Tom und Carola in der Aula der Realschule eintrafen, war der Boden übersät von den Scherben ihrer vielen Fensterscheiben. Teilweise hatten die Fenster nur Löcher, aber viele waren komplett zersplittert. Sogar das Mobiliar der Aula war beschädigt worden.

Die beiden Lehrlinge der Glaserei Voss vermaßen die kaputten Fenster. Daneben standen der Hausmeister der Schule und der schimpfende Rudi Voss, natürlich mit seiner obligatorischen Zigarette im Mundwinkel. »Diese selten dämlichen Hunde! Nich' ma richtig schreiben können se. Is' ja wirklich unglaublich, wie blöd diese Typen sind!« Rudi wandte sich an seine beiden Lehrlinge: »Jungens, am Wochenende müssen wa Sonderschichten schieben. Ihr braucht gar nich' nachzugucken. Zu Hause ham' wa nix passendes hierfür.« Rudi blickte zu Carola und Tom. »Hallo Caro, kommste 'n Bölkstoff umsiedeln?« Erst jetzt erkannte er in Tom seinen ehemaligen Mitschüler. »Ach, Thomas?

Mensch, du bist ja nich' wiederzuerkennen! Tja hier geht heute gar nix mehr. Dies saublöde Pack hat wirklich ganze Arbeit geleistet!«

»Ach komm, du Rowdy!« Carola versuchte Rudi zu besänftigen. »Gerade du bist der Einzige von uns, der davon wenigstens auch profitiert!«

»Ja, aber doch nich' da, wo ich ein Klassentreffen feiern will!«

Carola klopfte ihm kumpelhaft und tröstend auf die Schulter. »Du wirst es überleben!«

Tom und Carola schleppten die Getränkekisten in Carolas Transporter, fuhren sie ins Tierheim zurück und begannen dann, vom Büro aus mit Telefon und Handy die anderen ehemaligen Mitschüler darüber zu informieren, dass das Klassentreffen von der Realschule spontan ins Tierparadies zwangsverlegt werden musste. Und nach dieser Aktion war Tom so abgehetzt, dass er sich zu Hause bei seiner Schwester erst einmal hinlegte, um sich auszuruhen.

Als Tom wieder erwachte, zeigte die Uhr in der Küche, dass es bereits halb drei war. Da er Carola versprochen hatte, beim Aufbau der Tapeziertische für das kalte Büfett zu helfen, machte er sich sofort auf den Weg zum Tierasyl.

Vor dem Eingang zum Tierheim stand neben Carolas olivgrünem Wagen auch ein weißer Transporter mit der Aufschrift »Manure Pigs«. Tom hatte ihn schon mehrfach beim NSB gesehen, wenn die Mitglieder der Rockgruppe zu Besuch bei ihren Filmfreunden gewesen waren, und erkannte ihn daher sofort wieder. Daneben schob die zwanzigjährige Andrea Sperling-Specht ihren ebenso jungen Mann Olli Specht mit Gipsbein im Rollstuhl vor sich her. Olli hatte seine dunklen Haare mit viel Pomade zu einem ungewohnten Seitenscheitel auseinandergekämmt, trug dazu einen senkrechten Schnauzbart, der nicht viel mehr als sein Philtrum abdeckte, und er kaute natürlich wieder laut schmatzend auf einem hellgrünen Kaugummi herum. Neben dem Rollstuhl flanierten seine Tochter Miriam, die aussah wie eine Zwillingsschwester ihrer Mutter Andrea, und ihr Freund René. Nur er sah so aus, wie Tom ihn von seinen Besuchen bei HUL in Erinnerung hatte: mit etwas längeren Haaren und einem Ziegenbart am Kinn.

Tom war beschämt. Der coole Olli war so aufregend verkleidet, aber Tom selber trug – wie üblich – nur seine unzeitgemäße Kleidung aus Bundfaltenhose und Burlington-Pullunder.

Olli kommandierte im Kasernenton seine Familie herum: »Andrea, hol die Klapptische aus dem Wagen! Und Junge, du baust mit Miriam die Musikanlage auf – aber ein bisschen zackig!«

Miriam und René antworteten synchron: »Jawoll, mein Vater!«

Tom, René, die Andrea-Zwillinge und Carola trugen die Klapptische für das kalte Büfett auf den vorderen Teil der großen Wiese und bauten die Musikanlage auf. René legte eine CD der Manure Pigs ein, um die Anlage auf ihre Funktionstüchtigkeit zu testen. Doch Olli protestierte sofort: »Du sollst was Vernünftiges auflegen und nicht solche Hottentottenmusik!« Aber auch Renés Versuche mit »In the air tonight« und »Hotel California« schimpfte Olli in Grund und Boden: »Ich habe *vernünftig* gesagt, du Kulturbanause. Hier werden sich gleich die ehemaligen Schüler eines Wagner-Gymnasiums treffen, also gehört hier jetzt auch Wagner her!« Um seine Autorität zu unterstreichen, blies Olli cool seinen Kaugummi zu einer dicken Blase auf und ließ sie zerplatzen. Leider verfingen sich dabei ihre Reste etwas uncooler in seinem Schnauzbart und er hatte Mühe, die klebrigen grünen Fäden wieder aus der »geilen Rotzbremse« zu entfernen.

René wechselte erneut die CD, es erklang der »Walkürenritt« und kurz darauf traf auch schon Rudi Voss, flankiert von den beiden Punks aus der Fußgängerzone, als erster weiterer Gast ein. Rudi hatte sich allerdings seit dem Vormittag stark verändert. Er war alt und fett geworden, hatte dicke Hängewangen, als ob er sich Kartoffeln hineingesteckt hätte, und einen schmalen, waagerechten Oberlippenbart und trug einen eleganten Smoking mit Fliege. Rudi und Olli begrüßten sich mit einer großspurigen Umarmung.

»Don Voss!« Olli begrüßte Rudi, als hätte er ihn schon seit Jahren nicht mehr gesehen.

Rudi schnippte seinem ehemaligen Klassenkameraden neckisch gegen den Schnauzbart: »Ey, Alter. Geile Rotzbremse!«

Nach weiteren ehemaligen Schülern und Schülerinnen, die alle äußerlich genauso wenig gealtert waren wie Olli und Andrea, erschien auch der jugendliche Bernhard. Alle anderen blickten sofort bewundernd zu ihm hin. Er war komplett in grün als Robin Hood verkleidet, trug aber Zorros schwarze Augenmaske und auf seiner Brust prangte das Batman-Oval, allerdings mit einer stilisierten schwarzgoldenen Ente anstelle der Fledermaus.

Rudi begrüßte Bernhard überschwänglich: »Ah, der anarchistische Rächer der Planscheentchen – willkommen in unserer Mitte!«

Bernhard fiel ihm in die Arme: »Don Voss, lass dich umarmen!«

Als Letzte traf auch endlich Linda ein. Sie sah aus, wie Tom sie erst am Vortag in der Laube zurückgelassen hatte, trug aber ein pinkfarbenes, hautenges Mini-Kleid aus Latex, unter dem schwarze Strapse und Strümpfe hervorlugten. Ihr grelles Make-Up war viel zu dick aufgetragen. Alle männlichen Teilnehmer des Klassentreffens umringten sie sofort bewundernd, während die Frauen betreten und leicht angewidert zur Seite blickten. Und niemand redete mit Tom, stattdessen begannen die anderen ehemaligen Mitschüler sogar, hinter seinem Rücken über ihn zu tuscheln. Er war zwar schon verunsichert, aber es wurde noch peinlicher, als Bernhard als Einziger auf ihn zukam und ihn direkt ansprach: »Na, du Pseudo-Regisseur. Sag mal, findest du es nicht peinlich, dass du bei solch einem verbrecherischen Kommerzkram wie HUL mitmachst? Deine Freundin, die Templin, die dreht richtig anspruchsvolle Filme und du verblödest und missbrauchst das Publikum für die Profitinteressen von Papi Wim. Du arbeitest, und dein Produzent streicht die Knete ein. Er denkt und lenkt, und du spurst wie eine Marionette. Mann, bist du dämlich und feige! Früher, als wir noch in der Schule waren, hast du ganz andere Sachen im Kopf gehabt. Und traust du dir ohne Mami Alex nichts zu? Kannst du nichts selbstständig ohne sie machen? Früher musste dich Caro beschützen, und jetzt klammerst du dich an den Rockzipfel von deiner Aufnahmeleiterin, du elender Wurm! Du Memme! Du bist ja immer noch die gleiche jämmerliche Pfeife wie früher!«

Tom verlor die Nerven und flüchtete in den Stall zu den Kleintieren. Hinter sich hörte er Linda aufkreischen: »Au ja, lasst uns Verstecken spielen! Tom hat sich versteckt. Und wer ihn als Erster findet, der darf ihn vernaschen und dann mit den Vögeln vögeln. Mit allen beiden natürlich: erst mit dem kleinen Sperling und dann mit dem großen Specht.«

Tom wurde von Olli gefunden, der sich plötzlich in eine fette, schwarze, stark behaarte Spinne verwandelte, die damit begann, ein Netz aus klebrigen hellgrünen Kaugummifäden zu weben, an denen kleine Zettel mit der Aufschrift: »Einladung zum Klassentreffen, kommt alle ins Hotel California!« hingen. Olli folgten Miriam und René. Mit dunklen Sonnenbrillen, Headset, Fernglas und Richtmikrofon ausgestattet, sahen sie sich immer mal wieder unauffällig um.

Von den Tümpeln im Freigehege stieg ein Schwarm Mücken auf, flog hinter ihnen her und umringte Tom mit seinem Summen. Voller Panik verkroch er sich in die hinterste Ecke zu Carolas Schlangen. Allerdings nutzte ihm das wenig, denn Olli spann sein Netz aus Kaugummifäden noch dichter und enger um ihn herum und brüllte ihn dabei immer wieder an: »Sogar in Berlin haben wir unsere Agenten, die dich observieren. Du kannst gehen, wohin du willst, aber du entkommst uns nicht! – Du entkommst uns nicht! – Du entkommst uns nicht! …« Während Olli wie eine gesprungene Schallplatte immer wieder den letzten Satz rief, wurde seine Zunge länger und länger und wuchs zu einer dicken, unzerstörbaren Nabelschnur heran, die sich um Tom wickelte.

Aus Ollis Gebrüll wurde ein ohrenbetäubender Lärm. Seine Kaugummiweben quetschten Tom die Luft ab. Die Spitze der Nabelschnur bohrte sich wie ein fleischiger Nagel in Toms Nabel. Und aus dem Schwarm Mücken formte sich ein einziges überdimensionales Insekt mit den Gesichtszügen des jugendlichen Michael Graf, das nun begann, Toms Arme auszureißen. Dabei kreischte das Horrorinsekt laut und schrill herum: »Ich will auch Verstecken spielen und Linda und die Vögel vernaschen!«

Schweißgebadet und schreiend wachte Tom auf.

• <> •

Kay stand vor seinem Bett und zupfte an seinem Ärmel »Ich will auch Verstecken spielen. – Spielst du Verstecken mit mir?«

Noch immer voller Panik schreckte Tom stöhnend auf.

Kay bedachte ihn mit einem mitleidvollen Blick. »Hast du von den Alpen geträumt?«

»Schlimmer!« Tom sah zum Wecker auf dem Nachttisch, der zwei Uhr nachmittags zeigte, schob sanft seine Nichte beiseite und stand auf.

Kay lief aus dem Zimmer und Ursel in die Arme, die gerade die Treppe hochkam. »Mama, Onkel Tom hat einen Alpentraum gehabt. Tante Linda wollte ihn mit Vögeln verlaschen.«

»Oh, mein Gott!« Ursels Ironie war nicht zu überhören. »Klingt ja ganz schrecklich! Aber dann ist es ja gut, dass es nur ein Albtraum war.«

• • <> • •

IM PARADIES …

Als Tom etwas später tatsächlich mit seiner Ente beim Tierparadies vorfuhr, standen dort neben Carolas Auto bereits der weiße Transporter der Manure Pigs und das Auto der Familie Specht. Andrea, Miriam und René räumten die Klapptische für das kalte Büfett aus dem Wagen. Andreas giftige Blicke auf ihren Mann, der mit seinem Gipsbein an Krücken dazwischen herumhumpelte, ließen erahnen, dass der Haussegen der Familie Sperling-Specht nach dem Ausrutscher auf fremder Seife noch immer mächtig schief hing. Ohne Gips und Krücken hätte Tom seinen ehemaligen Mitschüler allerdings nicht mehr wiedererkannt, denn Olli kaute auf keinem Kaugummi herum und hatte inzwischen einige seiner ehemals dichten, dunklen Haare eingebüßt und dafür erheblich an Gewicht zugelegt.

Olli erkannte Tom aber sofort und kam herangehumpelt. »Hallo! Mensch Thomas, du hast dich ja echt gut gemacht!«

»Ja, danke. Was macht dein Bein?«

»Ach, alles halb so schlimm. Ich kann ja sogar damit auftreten.« Olli blickte sich um und schaute, ob seine Frau in der Nähe war und mithören konnte. Aber Andrea war gerade mit einem Klapptisch beschäftigt, also sprach Olli mit seiner üblichen Jovialität: »Sag mal, ist das nicht tragisch? Da stehst du deinen Mann im Leben, nichts kann dich umhauen und dann bringt dich eine popelige Seife im Bad zu Fall!« Ollis großspuriger Tonfall knickte jedoch gleich wieder ein, als ihn ein strafender Blick seiner Gattin traf. Um einige Umdrehungen kleinlauter zeigte der beim Seitensprung erwischte Personalchef der Werkzeugwerke Hannover auf seine Tochter. »Darf ich dir vorstellen: Unser erstes privates Produkt, Wunderwerk Miriam.«

Miriam und René kamen angeschlendert und im Hintergrund humpelte auch Carola herbei.

Kumpelhaft klatschte René Tom mit einem leicht spöttischen Gesichtsausdruck in die entgegengehaltene Hand. »Hey, Mann! – Habt ihr bei HUL nicht bald irgendein größeres Jubiläum? Und bist du alleine hier?«

»Ja, im Spätsommer. Und ja, ich bin allein hier.«

»Schade, dass du Nana nicht mitgebracht hast! Ich finde diese Frau echt heiß, ey!«

»Ja, du Blödmann!« Miriam zog ihren René von Tom weg, gerade als Carola dazukam.

Seine ehemalige Klassensprecherin strahlte ihn fröhlich an. »Ah Tom, schön, dass du auch schon da bist! Dann sind wir jetzt also zwei Invaliden und vier gesunde, stämmige Arbeitskräfte. – Andrea, wir beide können mit den Kuchenblechen anfangen.«

Tom trug die Klapptische auf die Wiese, Andrea und Carola kamen mit den Kuchenblechen und Platten für das kalte Büfett hinterher und René und Miriam verfrachteten die Musikanlage.

Hinter den Ställen auf der vorderen Wiese hatten die ehemaligen Mitschüler inzwischen die Klapptische aufgebaut und mit Kuchenblechen, Kaffeemaschinen, Thermoskannen und Kaffeebechern vollgestellt. Neben den Tischen standen ein Grill und ein paar Holzbänke im Kreis um eine Feuerstelle. Carola hatte bereits alle Tiere in den Ställen untergebracht. Nur einige Hunde, darunter die weiße Dogge und der bewegungsunlustige Mops, liefen draußen herum und auch die Wildenten waren noch nicht in ihr Nachtquartier umgezogen, sondern vergnügten sich auf den Tümpeln.

René und Tom verkabelten gerade die Musikanlage, als sich Rudi Voss umständlich durch das Gatter des Freigeheges schob. Sein Anblick sorgte für Gelächter: Wie üblich hing ihm seine Zigarette im Mundwinkel. Aber er trug einen fast bodenlangen Tellerrock und dazu Krücken und einen Gips am Bein. Olli humpelte kopfschüttelnd auf ihn zu. »Mann, wieso musst du mir alles nachmachen?«

Miriam und René warfen sich spöttische Blicke über Papa Specht und den vergipsten Glasermeister zu.

»Ei'm meiner Lehrlinge is' vorhin 'ne Glasscheibe ausser Flosse gerutscht und mir dann mit der Kante voll auffe Galosche. Schöne Scheiße! Mann, das is' vielleicht 'n beschissenes Wochenende: Erst der Glasbruch inner Realschule und dann das.«

Während Rudi nicht gerade begeistert vor sich hin nuschelte, kam auch Carola herangehumpelt und rief ihm zu: »Wie siehst du denn aus, du Rowdy?« Sie fand diese Situation wesentlich witziger als er. »Ich hätte nicht gedacht, dass ich in diesem Klassenverband mal nicht der einzige Krüppel sein werde. Und jetzt humpeln wir ausgerechnet auf unserem Klassentreffen zu dritt durch die Gegend!«

Rudi fand seinen Sinn für Humor wieder, oder zumindest den für Selbstironie: »Ach Caro, du bist und bleibst doch die Perle unter uns Säuen!«

Von Carola erhielt er für diese Bemerkung eine spielerische Kopfnuss und dann setzten sich die Anwesenden auf die Holzbänke und fingen an zu erzählen. Tom war erleichtert, dass die befürchtete Angeberei über Beruf, Besitz und soziale Stellung ausblieb und sich die ehemaligen Mitschüler lieber friedlich und entspannt unterhielten.

Als etwas später Franziska und Linda gemeinsam im Tierparadies eintrafen, waren inzwischen außer Bernhard alle ehemaligen Mitschüler versammelt, darunter auch Otwin, der – wie in alten Zeiten – Fliege und Hornbrille trug und der fotografierende und filmende Hardi Wehn. Nur Linda war zur Abwechslung mal völlig ungeschminkt und trug legere Jeans mit einem hellblauen T-Shirt.

Carola stürzte sich gleich mit den neuesten Neuigkeiten aus dem Tierheim auf Franziska. Aber als Linda Tom sah, grüßte sie nur kurz und ignorierte ihn dann. Tom versuchte ebenfalls einen möglichst großen Bogen um sie zu machen. Zuletzt erblickte Linda auf einer der Holzbänke die beiden Eingegipsten und setzte sich zu ihnen.

»Was ist euch denn widerfahren? Hattet ihr auf dem Weg hierher einen Unfall?«

Olli winkte ab. »Ach, diese Story ist heute schon zum Running Gag geworden.«

Während Olli die Geschichten von Seife und Glasscheibe herunterleierte, ohne dabei aber das Badezimmer seiner Praktikantin zu erwähnen, stand Carola auf und rief in die Runde. »Hey, habt ihr Lust auf einen Rundgang durchs Tierasyl? Gönnt es mir doch mal, mit meinem Paradies anzugeben!«

Fast alle schlossen sich Carola an und folgten ihr durch die Gehege und Ställe – sogar Olli stöckelte auf seinen Krücken hinter ihnen her. Nur Rudi und Linda blieben auf der Holzbank sitzen und Linda nutzte die Situation für ein vertrauliches Gespräch unter vier Augen. »Na, du verhinderter Glaser. Diesmal waren es ja wohl nicht *deine* Punks, die uns das Treffen in der Aula vermasselt haben!«

»Das sind nicht *meine* Jungens.«

»Du weißt schon, was ich meine. So viele Punks habt ihr hier in der Provinz ja nicht.«

»Das sind auch keine Punks.«

»Ja, ich weiß: die sind genauso echte Punks wie damals das Celler Loch echt von der RAF war. Zahlst du *deinen Jungens* eigentlich eine Provision oder so?«

»Aber hallo, ich muss die mir doch bei Laune halten!«

»Und du hast keinen Schiss, dass dir mal wer auf die Schliche kommt? Deine Lehrlinge zum Beispiel?«

»Na, was glaubste wohl, nach was für Kriterien ich mir die Knallköppe aussuche?«

»Ach, das ist gewollt, dass die so einfältig wirken?«

Rudi zuckte nur mit den Schultern und grinste gespielt unschuldig.

Linda schüttelte ihren Kopf. »Aber das mit der Realschule geht doch nicht auf deine Kappe?«

»Mann, deswegen bin ich ja so sauer auf diese dämlichen Hunde. Die sind so blöde, dasse sogar die Schulen miteinander verwechseln: Die Aula in der Hauptschule hat viel mehr Fensterscheiben als die in der Realschule. Und größer sindse auch.«

• <> •

Bernhard, Rike und Arafat tauchten auf, als der Rundgang durchs Tierheim gerade beendet war, sodass sie von Carola und den anderen herzlich empfangen wurden. Rike deutete auf Arafat und wandte sich an Carola. »Kann ich das Riesenbaby hier frei rumlaufen lassen?«

»Aber klar! Wieso heißt es wohl ›Paradies‹?«

Rike ließ Arafat los, der sofort zu den anderen Hunden lief und mit ihnen im Freigehege herumtobte. Als Bernhard seine Exfrau erblickte, lief er beim Versuch ihr aus dem Weg zu gehen, Tom in die Arme, dem er aber am liebsten ebenfalls nicht unter die Augen getreten wäre.

Tom hatte Bernhards Rolle in seinem Albtraum vom Mittag als Traumsymbol, das für sein schlechtes Gewissen über seine unselbstständige Haltung zur Abnabelung von HUL stand, abgehakt und war erfreut, ihn hier zu sehen. Und er war neugierig und erkundigte sich sofort, ob Bernhard krank gewesen wäre, oder warum er die letzten Tage gar nicht mehr gemailt hatte.

»Danke der Nachfrage. Nein, ich war nicht krank. Ich hatte nur wahnsinnig viel zu tun.« Bernhard hatte sich bereits nach Nana Templin umgesehen und war erleichtert, sie nirgends entdecken zu können. Er hätte es nicht ertragen, so eine Frau ausgerechnet an der Seite von Thomas Dinker-Thon zu sehen. Alleine Thomas als dem Mann an der Seite der Templin gegenüberzutreten, fand Bernhard schon unangenehm genug. Zu seinem Glück kam Carola herangehumpelt und nahm Tom für sich selber in Beschlag. Während Bernhard seiner ehemaligen Klassensprecherin für diese unbeabsichtigte Erlösung heimlich dankte, erblickte er die beiden Eingegipsten auf der Holzbank. »Was veranstaltet ihr zwei denn? – Gib's hier Gips im Duett?«

»Ha, ha! Sieh zu, dass du dir nicht 'ne Halskrause einfängst!« Rudi schlug mit einer seiner Krücken scherzhaft nach Bernhard und die drei ehemaligen Freunde begrüßten sich mit gespielten Grobheiten.

Nachdem Bernhard sich zu ihnen gesetzt hatte, fing Olli sofort wieder an, mit seinem Nachwuchs zu prahlen. »Bernhard! Das da ist meine private Erstproduktion.« Er zeigte voller Stolz auf seine Tochter. »Hey, Miriam, komm mal rüber!«

Miriam und auch René schlenderten widerwillig zu Olli hinüber.

• <> •

Auf den Klapptischen wartete das kalte Büfett auf seine Eröffnung und die ehemalige Klasse saß auf den Holzbänken um die noch nicht entzündete Feuerstelle. Nur Hardi stand filmend vor den Bänken, als Carola das Büfett für eröffnet erklärte. Nachdem sich alle bedient, wieder auf den Holzbänken eingefunden und sich eine Weile schweigend mit ihrem Essen beschäftigt hatten, fragte Franziska in die genüsslich kauende Runde: »Sind wir eigentlich vollzählig?«

Olli setzte an zu antworten, aber Carola kam ihm zuvor: »Nee: Mecki Graf konnten wir als Einzigen nicht ausfindig machen. – Habt ihr damals alle die Geschichte mit der Klage wegen dem Kunstfehler mitbekommen?«

Alle, die noch in Kurzenhagen lebten oder informativen Kontakt zu ihren hiesigen Angehörigen pflegten, nickten stumm. Nur Otwins Aufmerksamkeit war auf etwas ganz anderes als auf den Inhalt von Carolas Frage gerichtet. »Als ehemaliger Gymnasiastin sollte dir die Regel bekannt sein, dass auf ›wegen‹ ein Genitiv folgt. Es muss also korrekt ›wegen *des* Kunstfehler*s*‹ heißen!«, belehrte er oberlehrerhaft seine ehemalige Klassensprecherin.

Rudi grinste spöttisch über Otwins Besserwisserei und klopfte ihm kumpelhaft auf die Schulter: »Lass ma' stecken, Alter! Wir sind hier in Norddeutschland, auf 'em platten Land, da geht's nie tiefer als platt! Also brauchen wir auch kein' Geh-Nie-Tief. Und Caros Viecher verstehen sie auch mit 'nem falschen Dativ.« Er blickte in die Runde und sah einige fragende Gesichter. »Hier gibt's wohl genug Leute, die von der Geschichte mit der Klage wegen dem Kunstfehler nix wissen. Also, erzähl mal, Caro!«

Franziska schmunzelte über Rudis Provokation mit seinem eigenen absichtlich falschen Dativ. Otwin zog eine beleidigte Grimasse. Und Carola ignorierte einfach diesen kleinen Exkurs in die Grammatik und Landeskunde und erzählte, wie eine sowohl extrem reiche als auch extrem einflussreiche Patientin nach einer extrem verunglückten Gesichtsoperation die Schönheitsklinik und Michael Grafs Vater verklagt hatte: »Das war damals schon kurz nach unserm Abi. Und es war das Ende der Klinik und das berufliche Aus für Meckis Vater. Die ganze Familie ist dann weggezogen, und ich habe nie wieder was von denen gehört. – Weiß denn keiner, was aus Mecki geworden ist?«

Alle schüttelten den Kopf. Olli fand eine nicht ganz ernst gemeinte Möglichkeit, um Michaels Schicksal zu erklären: »Vielleicht ein Sektenguru in Indien?«

»Haare Krischan, Haare Krischan!« Rudi war seine schlechte Laune wieder losgeworden und in Blödelstimmung, hatte aber auch einen konstruktiven Beitrag zu leisten: »Vielleicht 'n Eunuch in 'nem Harem?« Seine Stimme schlug um ins Falsett. »Bitte reißt mir nicht noch was aus!«

Die ehemaligen Mitschüler kicherten und Franziska setzte dieser Fragerunde einen vernünftig klingenden Schlusspunkt: »Wenn es keiner weiß, liegt das wohl auch mit daran, dass es keinen wirklich interessiert.«

Als es dämmerte, zündeten Carola und Tom das Feuer in ihrer Mitte an. Die anderen – außer dem filmenden Hardi – saßen schweigend in der Runde und schauten den beiden andächtig zu. Nur die zwei Jüngsten aus der Folgegeneration tuschelten leise miteinander.

René konnte es sich nicht verkneifen, ein wenig zu spötteln: »Das ist ja fast wie im letzten Bild der Geschichten von Asterix und Obelix! Fehlt nur noch das Wildschweinessen.«

Sein Schwiegervater in spe konterte umgehend: »Und du bist hier der Barde? – Dann sieh mal zu, dass du nicht gleich gefesselt und geknebelt im Baum hängst!«

René schmunzelte und wandte sich an Miriam: »War das ein typisches A?«

Miriam nickte stumm schmunzelnd zurück.

Und René wollte es nun genau wissen: »Welche sind eigentlich die drei As?«

»Meister Gips eins, Meister Gips zwei und der Pummel daneben mit der gepiercten Freundin«, flüsterte Miriam.

»He, was soll das denn heißen: die drei As?« Olli hatte bemerkt, dass es um ihn ging. »Werden wir etwa hinter unserem Rücken von euch Jungspunds als Arschlöcher tituliert?«

»Mensch, das wäre doch auch eine Möglichkeit.« René kicherte und knuffte Miriam in die Seite »Darauf war ich ja gar nicht gekommen.«

»Ach, es gibt noch andere passende Begriffe, die mit ›A‹ anfangen.« Miriam spielte die Harmlose, warf aber ihrem Freund bedeutungsvolle Blicke zu. »Anarchisten zum Beispiel.«

»Ja, ja typisch«, spöttelte René. »Unsereins tobt sich brav und angepasst in der Rockmusik aus und lässt sich dabei auch noch von der kapitalistischen Musikindustrie ausbeuten. Und ihr macht auf Systemsturz und Revolution. Und so was ist unsere Elterngeneration? Junge, Junge!«

»Ach, Quatsch! Das war damals alles nur heiße Luft.« Miriam machte eine Wegwerfbewegung. »Die haben nur so revolutionär getan, um sich wichtig zu fühlen. Guck dir doch an, was draus geworden ist!«

René zog eine dümmlich unschuldige Miene. »Du meinst drei As im Sinne von A-angeber oder A-aufschneider?«

»Oder so!« Miriam schmunzelte leise vor sich hin. Sie und René hatten ihre kleine provokative Einlage vorher abgesprochen und brauchten sich jetzt nur noch Stichwörter zuzuwerfen.

»Ach so, genauso wie diese Geschichten mit ihren ersten genüsslichen Erfahrungen im Pu … – ich meine mit den Professionellen? – Das war auch nur viel Lärm um nichts?« René spielte gekonnt die Unschuld vom Lande.

»Na, glaubst du etwa, die hätten sich bei einer Professionellen wirklich getraut?« Miriam tippte sich an die Stirn. »Die hatten alle drei keinen Mumm dafür. Außerdem brauchten sie das gar nicht, schließlich hatten sie privat wen zum Üben. Und das auch noch an ihrem speziellen Plätzchen.«

Die direkt neben Miriam und René Sitzenden kicherten verhalten, aber niemand sagte etwas dazu. Miriam fuhr mit ihrem unschuldigen Tonfall fort: »Und das Plätzchen scheint auch immer noch in Gebrauch zu sein. Der Onkel einer Freundin von mir hat eine Laube in der Gartenkolonie ›Abendfrieden‹. Und die hatten vorletzte Nacht 'ne ziemliche Action da. Das muss voll krass gewesen sein, ey. Da war in Parzelle 7 'ne Frau am Kreischen, als ob sie gerade abgeschlachtet würde. Und als ihr die Leute zu Hilfe kommen wollten, haben sie gemerkt, dass die wohl nur am Poppen gewesen ist. – Nach dem, was der Onkel erzählt hat, muss die den totalen Superlover gehabt haben, so wie die rumgejubelt haben soll!«

Tom versteifte sich und war betreten. Rudi sah fragend zu Linda hinüber. Linda wackelte nervös hin und her und lief knallrot an. Bernhard bemerkte es, obwohl es inzwischen fast dunkel war und sie nur noch vom Feuer beschienen wurden. Er stutzte, ihm fiel auch Toms Betretenheit auf und der Schlag der Erkenntnis traf ihn so unerwartet und heftig, dass er sich an seinem Bier verschluckte und einen heftigen Hustenanfall bekam. Carola fühlte sich genötigt, herbeizuhumpeln und Bernhard mehrere Male kräftig auf den Rücken zu klopfen.

Als er wieder ruhig und tief atmen konnte, lästerte Miriam munter weiter: »Ich dachte immer, so was wäre nur früher üblich gewesen, als ihr noch jung wart. Das war ja wohl damals die Ursache für meine Existenz, wenn ich das richtig verstanden habe. – Na, dann können wir ja wohl nur hoffen, dass die beiden von vorgestern besser verhütet haben: Nicht dass hier beim nächsten Treffen wieder die ›privaten Produkte‹ dieser Tage und Nächte teilnehmen müssen.«

Alle kicherten, bis auf Linda und Tom.

Während die ehemaligen Mitschüler schlemmend ums Feuer saßen und sich unterhielten, tollten weiter hinten auf der Wiese Arafat und die weiße Dogge herum. Zumindest sie sorgten auf jeden Fall für ein paar zukünftige graue, weiße und grau-weiße »Produkte« dieses Abends.

… UND WAS DANACH NOCH PASSIERTE

Dem untreuen SPECHT wurde nach einiger Zeit von seinem SPERLING wieder verziehen. Aber Andrea hält ihren Olli seit der Angelegenheit mit der fremden Seife unter schärferer Kontrolle als vorher.

B.R.D. blieb sowohl Rike als auch der HATZ und seinen politischen Überzeugungen treu. Die beiden tauschten aber Arafat gegen einen behäbigen Mops ein, der sich in der kleinen Hamburger Wohnung mit wenig Auslauf nun wesentlich wohler fühlt, als Arafat es vorher getan hat.

RUDIS Operationen unter falscher Flagge wurden bislang nicht aufgedeckt. Weil er sich aber kurz nach dem Klassentreffen bei einem seiner vielen Seitensprünge einen Tripper einfing, ließ seine Frau sich von ihm scheiden. Seitdem wildert Rudi wieder völlig ungestört in der »weiblichen Natur« Kurzenhagens und Umgebung.

NANA verzieh TOM natürlich, allerdings nicht sofort und auch nicht, ohne ihn vorher etwas auf die Folter gespannt zu haben. Und obwohl Hollywood immer mal wieder bei ihr anklopft, lässt sie sich nicht dauerhaft, sondern jedes Mal nur kurzfristig abwerben und bleibt langfristig doch dem deutschen Film und ihrem Tom treu.

Nachdem im Spätsommer das Serien-Special zum fünfzehnjährigen Jubiläum gesendet wurde, begann TOM sich von HUL abzunabeln und als Regisseur selbstständig zu machen. Seine Erfahrungen – nicht nur die mit Linda Engel – verarbeitete er in seinem Drehbuch »Schein und Sein«, das zwar in der verfilmten Version keine großen finanziellen Erfolge einfährt, zumindest *noch* nicht, aber unter internationalen Kritikern und Cineasten bereits jetzt als wahres Meisterwerk des filmischen Psychodramas gilt und zurzeit von Tom zusammen mit weiteren sensiblen Psychostudien fürs Theater umgearbeitet wird.

EMEL und ACHIM wurden nach Tom und Nana das zweite Paar von HUL und werden – im Gegensatz zu Tom und Nana, die sich mehr auf ihre künstlerische Arbeit konzentrieren wollen – in Zukunft für eine immense Anzahl »privater Produkte« sorgen.

FRANZI nahm außer Linda auch ARAFAT und die von ihm geschwängerte weiße Dogge bei sich in ihrem italienischen Landhaus auf, sodass sich die beiden Doggen dort nun mindestens genauso wohl fühlen wie vorher schon in Carolas Tierparadies.

LINDA hatte in der Laube aufgepasst und sich nicht von Tom schwängern lassen. Und sie fand zu einem völlig neuen Lebensgefühl, als sie endlich einmal das tat und fühlte, was sie selber wollte – statt sich immer nur zu dem zu zwingen, wovon sie dachte, dass andere es von ihr erwarteten. Gleich nach dem Klassentreffen kündigte sie ihren Job im Golfclub und noch während der Renovierungsarbeiten zog sie zu Franzi nach Venedig, wo sie nun zum ersten Mal in ihrem Leben wirklich verliebt und glücklich ist.

CARO war überglücklich, dass sie das Klassentreffen dazu nutzen konnte, mehrere Tiere unterzubringen: Eine weiße Dogge, ein Mops und drei Katzen fanden ein neues, liebevolles Zuhause.

MICHAEL GRAF blieb weiterhin verschollen. Es tauchten aber bald nach dem Klassentreffen Hinweise darauf auf, dass er möglicherweise schon vor langer Zeit in die USA ausgewandert, beim dortigen Geheimdienst angestellt und seit einigen Jahren mit einem Forschungsauftrag in Guantánamo im Einsatz sein soll. Leider ist es uns nicht gelungen, diese Hinweise abschließend zu überprüfen, da unser mit dieser Aufgabe betrauter Mitarbeiter in den USA einen tödlichen Unfall erlitt, dessen Ursache bislang ungeklärt ist.

• • < ... DE > • •

DIE AUTORIN:

SAM OWI

wurde 1961 im niedersächsischen Einbeck geboren. Sie studierte Literatur- und Medienwissenschaft in der Georg-August-Universität von Göttingen und besuchte Kurse für Dramaturgie und Drehbuchschreiben in der Filmschule Hamburg-Berlin und in der Drehbuchwerkstatt Hamburg. Neben Literatur und Filmen beschäftigt sie sich intensiv mit Musik und spielt Akkordeon. Sie lebt seit über einem Vierteljahrhundert in Hamburg, betrachtet sich aber als ein niemals vollständig urbanisiertes Landei.

www.samowi.de

WEITERE BÜCHER VON SAM OWI:

Eine Bilderfabel

Kängefanten und Tapiraffen bevölkern »Humbug«, »Bockmist« und die anderen Kontinente der Lalolilum. Das Wetter ist zum Glück meist schlecht und das leckere Salzwasser der Flüsse verwandelt sich im Ozean in eklig süße Zuckerwatte. Auf Lalolilum ist also alles paletti – bis sich eine scheinbar unscheinbare Kleinigkeit zu einer gigantischen Katastrophe ausweitet. Als der Meeresspiegel ansteigt und die blöde Zuckerwatte die Kontinente überschwemmt, verlieren die Bewohner Lalolilums ihr Zuhause und werden zu obdachlosen Flüchtlingen. Um ihren aus dem Gleichgewicht geratenen Planeten zu retten, müssen sie sich mit furchterregenden Gefahren und schrecklichen Hindernissen auseinandersetzen – wie mit furzendem Hexenkraut und einem eklatanten Mangel an Einfallsreichtum …

LALOLILUM ist eine humorvolle Bilderfabel für alle (auch erwachsenen) Kindsköpfe mit einem großen Sinn für Unsinn und ein bezaubernd freches Plädoyer für mehr Respekt und Balance.

Eine nicht ganz unerotische Intervention aus dem Jenseits
Roman

MK Ultra oder Groschenromangespenst? – Während einer
Lebenskrise sucht Martin Abstand, Ruhe und Erholung in
einem Kurhotel auf einer schottischen Burg. Um das Personal und die anderen Gäste auf Distanz zu halten, gibt er
sich dort als Pornofilmproduzent aus, wird aber seinerseits
vom angeblichen Spuk der Burg heimgesucht und findet
sich in den unterirdischen Geheimgewölben von Ovencliff
wieder. – Oder wird hier ausgerechnet Martin, der den anderen etwas vormachen wollte, irregeführt und sogar unter
Drogen gesetzt, manipuliert und gehirngewaschen? Und
stecken die clevere Anni und die Verwaltung dieses Kur-
hotels mit einer äußerst bizarren Auffassung von Public
Relation hinter diesem angeblichen Spuk?

Roman

Hollywood: Nur allzu gerne wäre Schauspieler Julius der
Crash-Test-Dummie für Romys erotische Experimente –
auch wenn er sie zunächst für einen »rotzfrechen Kotz-
brocken« hält: An der Kreuzung in die Richtungen »Karriere« und »Männer« hat Romys Selbstbewusstsein eine dicke
Baustelle. Sie träumt zwar vom Filmemachen, aber mit dem
»dekadenten Hollywood« will sie nichts zu tun haben. Und
»hirnlos narzisstische Schauspieler« dienen ihr allenfalls als
Hilfsmittel bei ihrer autoerotischen Realitätsflucht. Doch
auch bei Julius' staut sich hin und wieder die Vernunft,
wenn er von Depressionen heimgesucht wird. Im Gegensatz zu ihrer literarischen Entsprechung brauchen Romy
und Julius keine äußeren Feinde, sondern sie stehen sich
immer mal wieder selber im Wege. – Oder kann es den
beiden gelingen, ihre inneren Dämonen zu besiegen?

Gespickt mit Anspielungen auf Filme, Regisseure und
Schauspieler ist ROMY & JULIUS ebenso eine Kritik am
Business hinter den Kulissen wie auch eine Liebeserklärung
an die Kunst des Filmemachens.

www.ingramcontent.com/pod-product-compliance
Lightning Source LLC
Chambersburg PA
CBHW060456290526
45791CB00001B/147